—

기본소득, 자유와 정의가 만나다

WAS FEHLT, WENN ALLES DA IST?
Warum das bedingungslose Grundeinkommen die richtigen Fragen stellt
by Daniel Häni, Philip Kovce

기본소득
자유와 정의가 만나다

스위스 기본소득 운동의 논리와 실천

다니엘 헤니 · 필립 코브체 지음 | 원성철 옮김

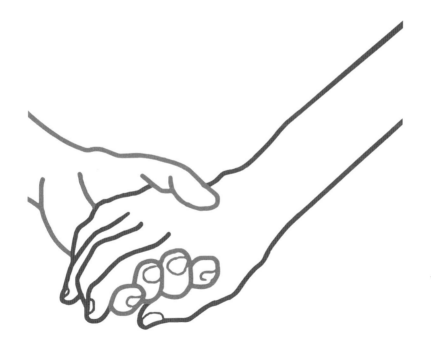

오롯

스위스 국민투표의 주역들이 쓴
기본소득 안내서

우리 사회에서도 기본소득에 대한 관심이 점차 높아지고 있습니다. 물론 지난 제20대 총선에서도 이미 노동당·녹색당과 같은 진보정당들은 기본소득의 도입을 주요 공약으로 내세웠습니다. 하지만 당시까지만 해도 기본소득은 지금처럼 사람들한테 폭넓게 관심을 끄는 사회·정치적 주제는 아니었습니다. 그러나 이제는 주요 언론 매체들에서도 기본소득을 중요하게 자주 다루고 있으며, 정치인들 가운데에서도 기본소득에 관해 언급하는 사람들이 눈에 띄게 많아졌습니다.

이처럼 기본소득에 대한 관심이 급격하게 높아진 데에는 2016년 6월 5일 스위스에서 기본소득의 도입을 놓고 국민투표를 실시했던 일이 큰 영향을 끼쳤습니다. 스위스의 기본소득 국민투표는 전체 투표자의 23.1%만 찬성해서 부결되었습니다. 하지만 기본소득의 도입을 주장했던 사람들은 광장에 모여 환호를 하며 즐거워하는 모습을 보이면서 그러한 결과를 실패라기보다는 오히려 본격적인 출발점으로 여기는 듯했습니다.

실제로 스위스의 국민투표 이후 기본소득에 대한 관심은 우리나라를 비롯해 세계 곳곳에서 더욱 높아지고 있습니다. 영국을 비롯한 많은 나라들에서 기본소득에 관한 논의와 검토를 시작했다는 소식이 전해졌으며, 특히 핀란드에서는 정부 차원에서 2019년부터 모든 국민을 대상으로 기본소득을 시행하는 것을 목표로 2017년부터 2년 동안 시험운영을 하겠다는 계획을 발표하기도 했습니다. 그래서 이제 기본소득이 시행될 날이 그리 머지않은 것처럼 여겨지기도 합니다.

이런 점에서 스위스의 국민투표는 기본소득이 하나의 구상에서 벗어나 국가 차원의 구체적인 정책 대안으로 떠오르게 하는 데 큰 영향을 끼친 중요한 사건이었다고 평가할 수 있을 것입니다. 그 동안 일부 지역에서 부분적으로 시행되거나 시행이 검토되는 수준에 머물러 있던 기본소득이 이제는 국민 모두를 대상으로 시행이 검토되기에 이른 것입니다.

『기본소득, 자유와 정의가 만나다』는 바로 이 스위스 국민투표 과정에서 중요한 역할을 했던 다니엘 헤니와 필립 코브체 두 사람이 쓴 책입니다. 이들은 기본소득에 관한 국민투표를 발의하고 그 과정을 주도한 스위스의 '조건 없는 기본소득을 위하여Für ein bedingungsloses Grundeinkommen'라는 시민단체에서 직접 여러 캠페인을 조직하며 활동한 인물들입니다. 따라서 이 책은 단지 이 두 사람만의 생각이 아니라, 스위스 국민투표를 이끈 시민단체의 견해가 표현되어 있는 것으로 보아도 좋을 것입니다. 글쓴이들도 "이 책은 스위스의 시민단체 '조건 없는 기본소득을 위하여'가 던지는 질문"이라고 밝히고 있습니다.

둘 가운데에서도 특히 다니엘 헤니는 오랫동안 스위스의 기본소득 운동을 대표해온 사람입니다. 그는 2006년 엔노 슈미트와 함께 '기본소득시민운동Initiative Grundeinkommen'이라는 단체를 만들어 스위스의 기본소득운동을 본격적으로 출발시켰으며, 2008년에는 100만 명 이상의 관객을 불러들인 '기본소득, 하나의 문화충격Grundeinkommen – ein Kulturimpuls'이라는 영화를 만들어 기본소득운동을 널리 확산시키는 데 크게 기여했습니다. 그리고 2012년 기본소득시민운동과 기본소득지구네트워크 스위스 지부BIEN-Schweiz 등이 함께 모여 '조건 없는 기본소득을 위하여'라는 단체를 결성할 때에도 주도적인 역할을 담당했습니다. 이 '조건 없는 기본소득을 위하여'가 13만 명의 서명을 받아 2013년 10월에 스위스연방 내각사무국에 헌법개정안을 발의하면서 국민투표가 실시되었고, 다니엘 헤니는 국민투표 과정에서 그 단체의 공동대표이자 대변인으로 활동했습니다.

이처럼 이 책은 스위스 국민투표의 주역들이 국민투표를 앞두고 치열하게 벌어지고 있던 논쟁의 과정에서 반대자들을 설득하고 지지자들을 모으기 위한 홍보의 수단으로 쓴 것입니다. 그러니만큼 기본소득을 둘러싸고 스위스에서 벌어진 논쟁의 내용을 생생하게 반영하고 있으며, 누구나 기본소득에 관해 쉽고 명확하게 이해할 수 있게 구성되어 있습니다. 따라서 기본소득에 찬성하는 사람들과 반대하는 사람들이 주로 어떤 문제를 둘러싸고 대립하는지, 그들이 내세우는 주장들과 논거들을 무엇인지 하는 것들을 일목요연하게 파악하는 데 큰 도움을 줍니다.

이 책은 스위스의 오렐퓌슬리 출판사에서 2015년에 발간한 《Was fehlt, wenn alles da ist?》를 옮긴 것입니다. 독일어 제목을 우리말로 그대로 옮기면 '모두 다 있는데, 왜 부족할까?' 정도로 해석됩니다. 기본소득이 출발하고 있는 '풍요 속의 빈곤'이라는 지금의 문제 상황을 나타내는 표현입니다. 하지만 한국어판에서는 제목을 '기본소득, 자유와 정의가 만나다'로 바꾸었습니다. 기본소득이 정의와 자유라는 두 개념을 둘러싸고 지금까지 벌어졌던 대립을 극복할 수 있는 길을 열어준다는 점을 강조하고 있는 글쓴이들의 생각을 좀 더 또렷하게 드러내는 것이 필요할 것 같았기 때문입니다.

실제로 기본소득이 지금까지 자본주의 사회에서 나타났던 여러 사회·정치적 대안들과 가장 크게 다른 점은 전통적인 좌파와 우파의 경계로 그것을 지지하는 사람들과 반대하는 사람들이 나누어지지 않는다는 것입니다. 이 책에서 소개하고 있는 반대하는 사람들과 찬성하는 사람들의 면면만 놓고 보더라도 일반적으로 좌파로 분류되는 사회민주당이나 독일 좌파당, 노동조합 등에 속한 사람들이 기본소득에 반대하기도 하고, 우파로 분류되는 독일 기민련에 속한 정치인이 찬성하기도 합니다.

실제로 독일의 100대 부자 가운데 한 명으로 꼽히는 괴츠 베르너 같은 사람이 기본소득을 적극적으로 주장하며 나서고 있는 것처럼, 기본소득은 기업가나 자유주의자들에게서도 폭넓게 지지를 받고 있습니다. 그것은 기본소득이 복지국가의 비대화된 관료조직을 축소시킬 수 있을 것으로 기대되고 있을 뿐 아니라, 일자리 창출이나 구조조정과 같은 어떤 방법으로도 구원할 수 없는 자본주의 경제순환의 위기를 해결해줄 대안으로도 여겨지고 있기 때문입니다.

이 책에서도 글쓴이들은 기본소득이 결코 이념이나 이념적인 것이 아니라는 것을 강조합니다. 그리고 "조건 없는 기본소득이 도입된다면 그것은 어디까지나 실용적인 이유 때문이지 윤리적인 이유 때문은 아닐 것"이라고 밝히고 있습니다.

지금 우리에게 필요한 것도 어떠한 편견이나 선입견도 없이 우리 앞에 놓인 문제를 직시하고, 기본소득이 그것을 해결하기 위한 현실적인 대안이 될 수 있는지를 면밀히 따져보려는 태도일 것입니다. 이 책이 모쪼록 그러한 작업에 도움이 될 수 있기를 바랍니다.

일러두기

① 본문에 포함된 해설과 주석은 한국어판에서 편집자가 추가한 것입니다. 저자의 원주는 책 뒤에 '글쓴이의 주'로 실어 구분했습니다.

② 본문의〔 〕안의 내용은 한국어판의 편집자가 내용 이해를 돕기 위해 덧붙여 놓은 것입니다. 본문 내용과 구분할 수 있도록 편집자가 추가한 내용은 고딕으로 서체를 다르게 했습니다.

③ 서적이나 정기간행물은 『 』, 논문이나 문헌 등은 「 」로 나타냈으며, 원래의 외국어 제목을 함께 표기했습니다.

④ 주요개념은 본문에 외국어를 함께 표기했으나, 인명이나 지명 등의 외국어 표기는 책 뒤의 '찾아보기'에 수록했습니다.

목차

머리말

기본소득이라는
질문을 던지는 이유

질문은 모든 것을 바꾸어놓는다. 예컨대 누군가의 머릿속에 '만약 가만히 있어도 다달이 통장으로 꼬박꼬박 생활비가 들어온다면 내 생활은 어떻게 바뀔까?' 하는 질문이 떠올랐다면, 그 순간부터 그의 삶은 의도하든 그렇지 않든 지금까지와는 전혀 다르게 흘러간다. 질문이 떠오르기 전의 상태로 되돌아가는 것은 불가능하다.

뭔가에 관해 질문을 던지는 사람은 그 무엇인가를 불확실하게 만드는 사람이다. 질문이 던져지는 순간 당연하게만 보이던 그 무엇은 더 이상 당연하게 받아들여지지 않는다. 질문을 던지면서 생겨난 새로운 무게가 기존의 평형 상태를 깨트리는 것이다.

질문은 서로의 생각을 털어놓을 수 있는 기회를 제공해서 우리 모두가 함께 갈 수 있는 길을 우리 앞에 열어준다. 좋은 질문은 정답을 말하라고 강요하지도 않는다. 질문 자체가 이미 좋은 대답이기 때문이다. 좋은 질문은 우리의 사고를 치밀하게 만들고, 우리의 시야를 넓혀준다. 좋은 질문일수록 논의에 참여하는 사람들의 수가 많아지고, 논의의 폭도 넓어지기 때문이다. 이렇게 좋은 질문은 당면한 문제를 더 꼼꼼하게 들여다볼 수 있도록 우리를 이끌어준다.

*　　　*　　　*

이 책은 스위스의 시민단체 '조건 없는 기본소득을 위하여'가 던지는 질문이다. 그리고 그 질문은 세부적이고 전문적인 문제가 아니라, 매우 기본적인 문제에 관한 것이다. 그것은 최저임금이나 임금인상에 관한 질문도, 우리가 매일 먹는 소시지나 햄버거에 부과되는 부가가치세에 관한 질문도 아니다. 텔레비전 시청료나 라디오 청취 요금에 관한 질문도 아니며, 고속도로 제한속도의 적정치나 특권층의 탈세에 관한 질문도 아니다. 이 책이 던지는 질문은 기본 방향을 결정하기 위한 가장 기본적인 문제에 관한 것이다.

그리고 그 질문은 크게 다음과 같은 두 가지 종류로 나뉜다.

하나는 이런 질문들이다. 내가 정말 바라는 것은 무엇인가? 조건 없는 기본소득이 보장된다면 나는 무엇을 할 것인가? 온전히 내 마음대로 결정할 수 있다면 나는 어떤 일에 뛰어들 것인가? 이와 같은 질문들은 모두 한 명의 자주적인 개체인 '나'와 관련되어 있다. 곧 내가 생각하는 나에 관한 질문들이라고 할 수 있다.

다른 하나는 이런 종류의 질문들이다. 나는 아무런 조건 없이 다른 사람들의 생존을 위한 기반이 되어줄 수 있는가? 특별히 한 것도 없는 사람들이 다달이 꼬박꼬박 생활비를 받는 것에 대해 나는 어떻게 생각하는가? 특별히 한 것도 없이 다달이 꼬박꼬박 생활비를 받으면서도 아무 눈치 보지 않고 자기 내키는 대로 사는 사람들을 나는 용납할 수 있는가? 이런 질문들은 나와 똑같이 한 명의 자주적인 개체인 다른 사람에 관한 것들이다. 곧 내가 생각하는 다른 사람에 관한 질문이라고 할 수 있다.

조건 없는 기본소득이 이루어진다고 해도 군주나 정부, 의회의 결정으로만 시행되면 한 나라의 국민이 모두 참여한 논의를 거치는 것보다 매우 보잘것없는 효과만 거둘 것이 뻔하다. 기본소득에 관한 결정은 바로 나 자신에 관한 결정이므로, 기본소득에 관한 결정권은 나 아닌 다른 누군가에게 결코 양도될 수 없기 때문이다. 기본소득에 관한 논의와 결정이 우리 모두의 참여에 기초해 이루어져야만 하는 이유는 바로 여기에 있다.

*   *   *

'없는 게 없는 세상인데, 도대체 왜 이럴까?' 풍요 속의 결핍, 부유함 속의 빈곤, 충만함 속의 공허함에서 [이 책의 독일어판 제목이기도 한] 이러한 질문이 나온다. 지금부터 우리는 세 개의 큰 단락으로 나누어 이 질문에 관해 살펴볼 것이다. 노동·권력·자유에 관한 우리의 이해를 바탕으로 구분된 세 개의 단락들은 제각기 다음과 같은 주제들을 다룰 것이다. 모두가 당신을 위해 일한다면, 당신은 무엇을 할 것인가? 모두가 스스로 결정한다면, 어떻게 결정이 이루어질까? 우리가 아무도 구속하려 않는다면, 우리는 얼마나 자유로울까?

이 책은 일종의 놀이에서 생겨난 것이라고 할 수 있다. 우리는 몇 주에 걸쳐서 날마다 기본소득에 관한 질문을 서로 하나씩 준비했다. 그리고 다음날 저녁이 되면 전날 저녁에 제기된 질문들에 관해 이야기를 나누었다. 바로 그때 서로 주고받은 그 질문들과 이야기들이 이 책의 밑바탕이 되었다. 따라서 이 책의 소주제들은 마치 금언집을 구성하는 항목들이 그러하듯이 어느 정도 독립된 성격을 지니고 있다. 하지만 그 소주제들이 마치 한 편의 논문처럼 서로 긴밀하게 연결되어 우리의 생각을 촘촘하게 만들어주고, 각 단락들에서 다루려 했던 문제의식들을 분명히 밝혀줄 수 있기를 기대한다.

마치 모든 것을 알고 있는 듯한 글쓴이의 설교는 독자들에게 지루함이나 부끄러움만을 안겨줄 뿐이다. 하지만 질문과 유머는 활력을 가져다준다. 그래서 우리도 최대한 가벼운 마음을 가지고 최대한 좋은 질문을 던지려고 했다.

앞서 밝혔듯이 우리의 질문들은 모두 '기본소득'이라는 하나의 개념과 이어져 있다. 하지만 우리도 결코 기본소득이 궁극적인 해답이라고는 생각하지 않는다. 기본소득은 해답이라기보다는 오히려 우리 앞에 닥친 문제들을 살펴볼 수 있게 해주는 하나의 좋은 통로, 다시 말해서 하나의 질문이라고 하는 편이 옳을 것이다. 그리고 해답이 아니라 질문이라는 점에서 기본소득은 결코 이념이나 이념적인 것이 될 수 없다. 이념은 언제나 해답의 모습으로만 존재하기 때문이다.

첫째 주제

노동

모두가 당신을 위해 일한다면
당신은 무엇을 할 것인가

분업의 의미

우리는 일을 한다. 지금껏 일을 하지 않은 적이 없다. 하지만 우리가 노동을 정의하거나 조직하는 방식은 지금까지 끊임없이 변화해 왔고, 앞으로도 계속 변화해갈 것이다.

과거 우리 노동의 주된 대상은 자연이었다. 그리고 우리가 맞서 싸워야 했던 자연은 우리를 먹여 살리는 생존의 기반이기도 했다. 자연에 의지하고 자연과 함께 인간은 진화해왔다.

하지만 오늘날 우리 노동의 주된 대상은 기술이다. 그리고 과거 자연이 그러했던 것처럼 기술도 우리가 맞서 싸워야 하는 대상이자, 우리를 먹여 살리는 생존의 기반이 되고 있다.

우리 앞에는 통제하기도 예측하기도 어려운 수많은 변화들이 놓여 있다. 그러므로 인류가 노동을 하는 방식이 앞으로 어떻게 달라질지 예측하기란 결코 쉽지 않다. 그렇지만 노동이 분업의 역사와 나란히 발전해갈 것이라는 점만큼은 분명하다.

그렇다면 분업이란 무엇인가? 어떤 일의 모든 과정을 혼자서 처리하지 않는 것이다. 다시 말해서 그것이 물건이든 서비스든 우리가 어떤 재화를 생산할 때 여러 사람이 생산의 단계들을 저마다 나누어 맡아 일하는 것이 분업이다. 이른바 전문지식이 만들어진 것도, 노동의 효율성이 비약적으로 높아진 것도 모두 분업 덕분이다. 인류 사회가 자급자족 경제체제에서 외부공급 경제체제로 바뀌게 된 것도 분업이 없었으면 불가능했을 것이다.

과거의 자급자족 경제체제에서 우리는 나 자신을 위해서 노동을 했다. 하지만 지금과 같은 외부공급 경제체제에서는 다른 사람을 위해 노동을 한다. 자급자족 경제체제에서 내 노동의 결과물은 나 자신과 내 가족을 위한 것이었다. 내가 사냥터에서 잡아온 것, 내가 들판에서 수확한 것을 나와 내 가족이 먹었다. 내가 생산한 것을 내가 소비했던 것이다. 그러나 분업에 기초한 외부공급의 시대인 오늘날에는 상황이 완전히 달라졌다. 나는 나를 위해 노동을 하는 것이 아니라, 다른 사람들을 위해 노동을 한다. 다른 사람들도 그들 자신을 위해 노동을 하는 것이 아니라, 또 다른 사람들을 위해 노동을 한다.

여기에서 '나'는 어느 대기업의 인사담당 부서에서 일하는 회사원일 수도 있고, 기업들의 광고를 대신 만들어주는 광고대행업체의 책임자일 수도 있다. 우리 사회의 앞날을 이끌어갈 어린 학생들을 가르치는 선생님일 수도 있고, 차에 물건들을 한가득 싣고 날마다 고속도로를 달리는 화물차 운전사일 수도 있다. 그렇지만 어떤 경우라도 이제 '나'는 더 이상 내가 생산한 재화를 직접 소비하지 않는다. 이것은 인류의 역사에서 일어난 획기적인 변화 가운데 하나이다.

이러한 분업의 진정한 의미는 사회구조적인 박애에 있을지도 모르겠다. 우리는 자신에게 더 이상 도덕적이거나 사회적이어야 한다고 요구하거나, 자신의 것을 다른 사람들과 나누어야 한다고 촉구할 필요가 없다. 우리가 언제나 다른 사람들을 위해 일할 수밖에 없도록 사회가 이미 구조화되어 있기 때문이다. 어떻게 이보다 더 사회적으로 될 수 있겠는가!

물론 노동의 대가로 임금을 받고 있다는 점에서 우리는 여전히 자신을 위해 일하고 있다고도 할 수 있을 것이다. 실제로 많은 사람들이 오늘날 우리가 회사에서 일하고 받는 임금이나 지난날 사냥을 해서 집으로 잡아온 사슴이나 크게 다르지 않다고 생각한다. 그렇지만 이런 생각은 임금노동의 의미를 잘못 이해하고 있는 것이다. 사냥 가서 수풀을 헤치고 사슴을 잡는 것하고 노동시장으로 가서 일을 하고 임금을 받는 것 사이에는 큰 차이가 존재한다.

무슨 차이가 있는 것일까? 오늘날에는 우리 모두가 다른 사람들이 나를 위해 일한 결과물들로 살아가고 있다는 점이 과거와 다른 결정적인 차이이다. 이제 다른 사람들은 내 적대자들이 아니라 협력자들이다. 적대자들은 서로 싸우지만 협력자들은 서로 돕는다. 다른 사람들이 아무도 나를 위해 일하지 않는다면, 우리가 살고 있는 이 세계는 자급자족하던 과거의 상태로 돌아가게 될 것이다.

이처럼 오늘날 우리는 내가 아니라 다른 누군가가 일한 노동의 결과물들로 살아가고 있다. 그렇다면 우리에게 무엇보다 중요한 것은 그 다른 누군가가 나를 위해 즐겁게 일할 수 있는 환경을 만들어내는 일일 것이다. 만약 내가 최선의 재화를 소비하고 싶다면, 나를 위해 그것을 만드는 다른 누군가가 최선의 조건에서 최선을 다해 일할 수 있는 여건을 만들어야 한다.

스위스의 작가 루트비히 홀은 "이기주의는 또 다른 하나의 세계가 아니라, 단지 이 세계의 작은 부분일 뿐"이라고 말했다. 그렇다. 이기주의는 "좋은 세상이 오는 것을 가로막는 장애물이 아니라, 그에 앞서 나타나는 단계일 뿐이다."[1] 그러므로 이기주의를 질타하기만 하는 것은 아무 소용도 없다. 필요한 것은 이기주의를 질타하는 것이 아니라, 이기주의를 이해하는 것이다. 우리가 우리의 이기주의를 바르게 이해하기만 한다면, 어쩌면 우리의 이기주의는 이미 오래 전부터 자기 안에 숨겨 놓고 있던 모습으로 자신을 변화시킬지도 모르겠다. '사회구조적인 박애'라는 모습 말이다.

인위적인 결핍

오늘날 우리는 풍요 속에서 살고 있다. 하지만 수렵과 채집에 의존하던 원시시대는 말할 것도 없고, 문명이 발흥했던 고대시대에도, 나아가 중세와 르네상스 시대·계몽주의와 산업혁명의 시대에도, 심지어는 20세기의 전반기까지만 해도 우리는 빈곤의 굴레에서 벗어나지 못했다. 물론 그 시대들에도 소수의 특권 계층은 풍요로운 생활을 누릴 수 있었다. 하지만 그들도 지금 우리처럼 자가용이나 스마트폰, 따뜻한 물이 온종일 콸콸 쏟아져 나오는 수도를 가지고 있지는 못했다.

가정경제를 이론화했던 아리스토텔레스를 비롯해 애덤 스미스나 데이비드 리카도, 레옹 발라스 같은 위대한 경제학자들은 모두 빈곤 문제의 해결을 자신들의 경제학이 지향하는 궁극적인 목표로 삼고 있었다. 하지만 빈곤 문제는 풍요의 시대라고 불리는 오늘날에도 여전히 존재한다. 아니, 오히려 풍요의 시대에 접어들면서 점점 더 많은 사람들이 빈곤의 나락으로 떨어지고 있기도 하다. 이런 점에서 보면 풍요만이 아니라 빈곤도 그 동안 우리가 이루어낸 또 하나의 업적이라고 할 수 있을 것이다.[2]

실제로 과거와는 비교조차 할 수 없을 정도로 갖가지 재화들이 넘쳐나는 지금의 지구에서 오히려 과거보다 더 많은 사람들이 빈곤 문제로 고통을 받고 있다. 이런 현실은 오늘날 우리가 그 동안 이루어낸 풍요를 제대로 다루지 못하고 있음을 알려준다. 곧 우리에게 필요한 것은 더 많은 풍요가 아니라, 우리 앞에 있는 풍요를 제대로 다룰 수 있는 능력이다.

이처럼 오늘날의 풍요로움은 우리에게 '후덕함'을 몸에 익히게끔 촉구하고 있다. 탐욕과 인색함이 받아들여질 수 있었던 것은 궁핍했던 시절이었기 때문에 가능했던 일이었다.

기본소득은 존재할 까닭이라곤 전혀 없지만, 엄연히 존재하고 있는 오늘날의 빈곤 문제에 주목한다. 그리고 존재할 까닭을 전혀 찾을 수 없는 빈곤 때문에 수많은 사람들이 여전히 고통을 받고 있는 지금의 이 부조리한 상황을 끝낼 수 있게 한다.

빈곤은 그 빈곤 때문에 고통을 받고 있는 사람들한테만 위험한 것이 아니다. 빈곤은 사회의 존속마저 위험에 빠트린다. 굶주림을 벗어나지 못해 생존 자체가 위협을 받고 있는 사람들한테는 사회적인 가치들이 그다지 큰 의미를 지니지 못하기 때문이다.

기본소득은 자급자족적인 야수적 행동양식도 실질적으로 끝장낼 수 있다. 총체적인 외부공급의 체계에 기초해서 삶을 이어가는 존재는 인간뿐이다. 물론 동물의 세계에도 분업은 있다. 하지만 내 생존에 필요한 재화의 생산을 나 아닌 다른 누군가의 손에 오롯이 맡기는 경우는 인간을 제외하고는 찾아볼 수 없다. 그리고 이러한 총체적인 외부공급의 체계는 마찬가지로 인간 세계를 제외하고는 찾아볼 수 없는 산업화 과정을 통해서 더욱 공고해진다.

과잉이라는 현상을 이론화한 최초의 학자들 가운데 한 명인 사회학자 조르주 바타유에 따르면, 과잉은 두 가지 모습으로 자신을 드러낸다. 예술과 같은 낭비가 하나의 모습이라면, 다른 하나의 모습은 테러나 전쟁과 같은 파괴이다.[3]

그러나 기본소득은 과잉으로 하여금 낭비나 파괴가 아닌 유익함으로 자신을 표현할 수 있게 한다. 빈곤과 과잉은 오늘날 우리 사회가 맞닥뜨려 있는 당혹함의 결과들이다. 부족한 것들을 어디에서 구해야 할지 알지 못해서 빈곤이 나타나고, 넘쳐나는 것들을 어디로 보내야 할지 알지 못해서 과잉이 나타난다.

철학자 페터 슬로터다이크는 조건 없는 기본소득을 "현대 사회의 인위적인 결핍과 결별할 수 있게 하고, 빈곤의 낡은 체제와도 결별할 수 있게 할"[4] 중요한 실마리로 보았다. 그것이 실현되는 날이면 우리는 마침내 우리 모두가 후덕한 마음의 소유자가 되었노라고 자부할 수 있을 것이다.

돈 없는 사람은 경제에 해롭다

풍요로움이 넘쳐나는 사회에서 골치 아픈 일은 물건을 만드는 일이 아니라, 만들어낸 물건을 파는 일이다. 백화점이든 시장이든 어디라 할 것 없이 온갖 물건들이 산더미처럼 쌓여 있다. 모두 팔아 치워야 할 것들이다. 오늘날 광고가 경제의 핵심 분야로 떠오른 것도 매우 당연한 일처럼 보인다. 어떻게 하면 더 많은 구매자, 더 많은 판매처를 확보할 수 있을까? 지금보다 조금이라도 더 많이 팔 수 있는 방법은 없을까? 모두들 이런 식으로 물건을 파는 일에 관해서만 이야기하지, 만드는 일에 관해 이야기하는 사람은 찾아보기 어렵게 되었기 때문이다.

당연한 일이겠지만 경제를 좌우하는 것도 생산량이 아니라, 판매량이다. 신제품으로 처음 시장에 나온 아이폰도 수요가 공급을 초과하는 것은 겨우 몇 시간이나 며칠뿐이다. 물론 수요가 공급을 초과하는 그 몇 시간이나 며칠도 대부분 광고 덕분이다. 이제 공급자 가운데 이렇게 말하는 사람은 만나기 어렵게 되었다. "저희로서는 그렇게 많은 수요는 감당할 수 없습니다." 오히려 조금이라도 수요가 줄어들까 안절부절못하는 사람들뿐이다.

이처럼 이제는 생산을 더 많이 해야 하는 것은 전혀 문제가 되지 않는다. 더 적게 생산할 수밖에 없는 상황만이 문제가 될 뿐이다. 수요의 감소야말로 기업들에게는 가장 커다란 적이다. 수요가 공급을 초과하는 한 기업이 성장하고 경제도 별 문제없이 잘 돌아간다. 하지만 수요가 줄면 기업은 공급을 줄여야 한다. 어쩔 수 없다. 그런 상황이 되면 기업은 이윤마저 줄어들지 않게 하려고 수단과 방법을 가리지 않고 대책을 강구한다. 그래서 한쪽에는 일자리를 잃은 사람들이 생기고,

다른 한쪽에는 한 개에 몇천만 원이나 하는 가방이 생겨나는 일이 벌어진다.

이렇게 오늘날 세상에는 온갖 물건이 넘쳐나는데도 사람들 주머니에는 그 물건들을 살 돈이 없다. 실업이 경제위기의 원인이라고들 하지만, 따지고 보면 잃어버린 일자리가 아니라 잃어버린 소득이 근본 원인이다. 소득이 없어진 것 때문에 발생한 경제위기는 또 다른 실업을 낳는다. 그리고 실업의 증가는 또 다시 더 많은 사람들이 소득을 잃고, 부가 한쪽으로 더욱 쏠리는 현상으로 이어진다. 소득을 잃는 것에서 경제 침체의 악순환이 시작되는 것이다.

조건 없는 기본소득은 이런 악순환의 고리를 끊을 수 있는 효과적인 방안 가운데 하나이다. 기본소득이 시행되면, 스페인 · 그리스 · 포르투갈 · 이탈리아 · 프랑스의 침체된 경제도 곧바로 활기를 띠게 될 수 있을 것이다. 필요한 것을 살 돈이 없었던 사람들의 손에 돈이 쥐어진다면 막혔던 숨통이 트이듯이 경제에도 생기가 돌게 될 것이기 때문이다.

물건을 사는 사람이 없으면 경제활동은 이루어지지 않는다. 구매력의 약화는 경제의 약화를 뜻한다. 경제라는 관점에서만 보면 구매력이 없는 사람은 무의미한 존재이다. 돈 없는 사람은 경제에 해롭다. 극단적인 가정이겠지만, 모든 형태의 구매 행위에 반대하는 정치운동이 성공을 거둔다면 그 사회의 경제는 붕괴되고 말 것이다.

중국이 조금씩이나마 사회복지를 증진시키고 있는 것도 저축률을 낮추고 자본의 흐름을 활발히 하기 위해서이다.[5] 스위스는 근소한 차이이기는 하지만 룩셈부르크와 독일에 앞서서 유럽에서 가계저축률이 가장 높은 나라로 나타나고 있다.[6] 조건 없는 기본소득은 미래에 대한 불안감 때문에 허리띠를 졸라매고 돈을 모으는 사람들에게 생존의 안전을 보장해준다. 그래서 그들의 삶의 질을 높일 뿐 아니라, 경제에도 활기를 불어넣는다.

우리가 힘을 기울여야 하는 것은 생산과 성장이 아니라, 안정된 소득의 보장이다. 생산에 강조점을 두고 이야기하더라도, 구매력을 갖춘 수요자야말로 그것을 가동시킬 엔진이다. 소득이 없는 경제도 없다. 조건 없는 기본소득은 사회 구성원 모두에게 안정된 소득을 보장해서 그 사회의 경제를 튼튼하게 만들어줄 것이다.

사회적인 사람이 일자리를 없애는 세상

세상에는 수많은 사람들만큼이나 수많은 일거리가 있다. 하지만 많고 많은 그 일거리들이 공정하게 배분되지는 않는다. 일하고 싶은 사람이 일을 할 수 없는 것은 잘못된 상황이다. 이런 상황은 노동이 마치 재화처럼 여겨지고 화폐처럼 다루어지기 때문에 생겨난다. 하지만 노동은 가치를 만들어내는 행위이지, 가치 그 자체는 아니다.

모든 비극은 노동과 소득이 연결되어 있다는 것에서 시작된다. 기본소득은 생존의 안전을 보장해서 이러한 비극의 연결고리를 끊어낸다. 나아가 노동에 관한 우리들의 경직된 생각을 유연하게 만들어준다.

노동은 왜 공정하게 배분되어야 하는가? 노동시간은 왜 단축되어야 하는가? 일자리는 모두가 나누어 가지기에는 충분치 못한 재화인가? 일자리의 분배와 관련된 오늘날의 상황은 개선되어야 하는가? 일자리

없이는 삶을 꾸려가기 어렵다면, 마지막 질문에 대한 답변은 그렇다고 이미 정해져 있는 것이나 마찬가지이다.

일자리가 없는 사람은 실업자라고 불린다. 그들은 생활비를 벌기 위해 일자리를 찾아 나선다. 누군가 그들을 고용하면 그는 '일자리를 준 사람'이라는 의미의 '고용자Arbeitgeber'라고 불린다. 그리고 고용된 이들은 '일자리를 얻은 사람'이라는 의미의 '피고용자Arbeitnehmer'라고 불린다. 이제 그들은 이렇게 말한다. "제게 당신을 위해 일할 수 있는 기회를 주셔서 정말 고맙습니다." 가게들에서 하는 인사와 비슷하다. "저희 물건을 구매해 주셔서 정말 고맙습니다."

우리는 누군가 자신을 위해 뭔가를 해 주었을 때 고맙다고 인사를 한다. 그러므로 "당신이 먹을 빵을 내가 구울 수 있게 되어서 정말 고맙습니다"라는 식의, 이러한 인사는 뭔가 온당치 않다. 빵을 사는 사람이 이렇게 인사를 해야 정상일 것이다. "제가 먹을 빵을 이렇게 구워 주셔서 정말 고맙습니다. 밀가루를 운반하신 기사님과 제분소에서 일하시는 분들, 밀을 경작하신 농부님 등 제가 이 빵을 먹을 수 있도록 도움을 주신 다른 모든 분들께도 감사의 인사를 드립니다."

우리는 주는 사람이 받는 사람에게 고맙다고 인사를 해야 하는 거꾸로 된 세상에 살고 있다. 그렇게 된 이유는, 우리가 노동을 하나의 한정된 재화로 만들어버렸기 때문이다. 노동의 머리는 땅에 박혀버렸고, 노동의 다리는 하늘을 향해 들려 버둥거린다. 그렇게 해서 마침내 우리는 풍요로움 속에서 빈곤해졌다. 상식이 짓밟히고, 생산은 필요와 무관하게 제멋대로 이루어진다.

어떤 사람이 길거리에 함부로 쓰레기를 버리고는 자신이 한 짓이 일자리 창출에 기여하는 것이라고, 곧 사회에 해를 끼치는 행위가 아니라 사회를 위한 행동이라고 목청을 높인다. 실제로도 그리 드물지 않게 목격할 수 있는 상황이다. 전혀 일리가 없는 말도 아니다. 일자리 창출에 기여하는 그의 행위는 그 자체로만 보면 반사회적인 것임이 분명하지만, 그의 그러한 반사회적인 행동 덕분에 누군가 일자리를 얻게 되는 것도 분명한 사실이기 때문이다.

이처럼 반사회적인 사람은 일자리를 만드는 사회적인 사람이 되고, 사회적인 사람은 일자리를 없애는 반사회적인 사람이 된다. 하지만 우리의 건강한 상식으로는 길거리에 함부로 쓰레기를 버리는 사람이 아니라, 다른 사람들에게 피해가 가지 않도록 쓰레기통에 쓰레기를 버리는 사람이 사회적인 사람이다. 그리고 이런 일이 단지 쓰레기에만 국한되어 나타나지 않는다는 것이 문제이다.

완전고용

실업률 때문에 골머리를 썩이고 있는 많은 노동시장 전문가들은 우리가 지금과 같은 일자리 창출 정책을 꾸준히 추진해가면 언젠가는 완전고용에 도달할 수 있을 것이라고 전망한다. 그런데 사람들은 왜 이렇게 완전고용이라는 이상에 애타게 목매달고 있는 것일까? 도대체 그 안에 무엇이 숨겨져 있기에 그런 것일까?

일반적으로 완전고용이란 취업을 희망하는 사람들이 모두 고용된 상태를 가리킨다. 다시 말해서 실업자가 한 명도 없다는 뜻이다. 하지만 오늘날 대부분의 사람들에게 취업은 삶의 중요한 목표 가운데 하나로 여겨지고 있지만, 노동시장에서 취업이라는 관문을 통과하기 위해서는 나이 · 학력 · 거주지 등 넘어야 할 장애물이 한두 가지가 아니다. 어쨌든 스위스노동조합연맹의 총위원장을 지낸 롤프 짐머만은 이렇게 말한다. "완전고용은 실현할 수 없는 유토피아적 발상이 결코 아니다. 그것은 우리가 반드시 이루어야 할 중요한 정치적 목표 가운데 하나이다."[7] 독일연방공화국의 총리 앙겔라 메르켈의 생각도 별반 다르지 않다. "완전고용을 이루는 그날까지 우리는 완전고용이라는 목표를 단 한 순간도 잊어서는 안 된다."[8]

그렇지만 1995년 고르바초프 재단의 초청으로 미래에 관해 논의하기 위해 샌프란시스코에 모여든 저명한 정치인 · 기업인 · 학자들은 이와는 다른 전망을 제시했다. 당시 그들이 나눈 핵심적인 논의들은 모두 21세기에는 전체 경제활동인구의 20퍼센트만으로도 모든 생산활동이 충분히 가능하리라는 전망과 관련된 것들이었다.

이른바 '20:80 사회'의 도래를 주장하는 대표적인 학자는 미국의 경제학자 제레미 리프킨이다. 리프킨은 그의 베스트셀러 『노동의 종말 *The End of Work*』에서 기술의 진보로 인간 노동력이 필요 없는 사회가 다가오고 있다고 내다보았다. 산업 합리화의 진전과 정보화 기술의 발전으로 기존 일자리들의 대부분이 사라지게 된다는 것이다. 리프킨의 말을 직접 들어보자. "지금까지 인간이 수행하던 사무직 노동은 점점 더 인공지능과 언어인식시스템으로 대체될 것이다. 소매업 분야도 사람들이 직접 거래하는 기존의 방식에서 디지털 거래의 방식으로 빠르게 변화해갈 것이다. 변호사들과 회계사들, 방사선과 의사들은 이미 불안감에 휩싸여 있다. [⋯] 기계와 알고리즘이 우리의 일자리를 잠식해갈 것이다. 사실 이와 같은 일들은 이미 우리의 눈앞에서 벌어지고 있지 않은가!"[9]

스위스 취리히연방공과대학교의 융합과학자 디르크 헬빙도 이러한 변화의 양상을 강조하기 위해 나섰다. "어떤 것도 지금까지와 같은 방식으로는 존재하지 않게 될 것이다. 대부분의 유럽 국가들에서 지금 존재하고 있는 일자리의 약 50퍼센트가 사라질 것으로 보인다."[10]

기술 발전과 생산성 증대 때문에 기존의 전통적인 일자리들이 필요 없는 것으로 되기는 하겠지만, 그렇다고 해서 인간의 일자리가 아예 없어지지는 않을 것이다. 그래서 적어도 기존의 일자리가 없어지는 만큼은 새로운 형태의 일자리가 계속 만들어질 것이라고 주장하는 사람도 있다.

그렇지만 리프킨은 이런 주장에 대해 단호히 고개를 가로젓는다. 리프킨에게 20:80 사회의 도래는 의문의 여지없이 명백한 사실이다. 따라서 그에게 중요한 것은 20:80 사회가 올 것인가의 여부가 아니라, 그러한 현실에 대해 우리가 어떻게 대응할 것인가 하는 문제이다. "인간의 노동이 불필요해진 사회에서 개인이 어떤 역할을 해야 하는지를 규정하는 문제야말로 미래를 맞이하는 우리에게 주어진 가장 중요한 과제이다."[11] 이미 1995년에 리프킨이 했던 말이다.

물론 모든 사람이 리프킨의 생각에 동의하는 것은 아니다. 노벨상을 받은 미국의 경제학자 로버트 솔로의 다음과 같은 생각이 리프킨의 생각보다 더 타당하다고 판단하는 사람들도 적지 않다. "노동 환경의 자동화에 대한 불안은 행성 충돌에 대한 불안만큼이나 근거가 없는 것이다."[12]

리프킨의 생각에 반대하는 사람들의 논거는 이렇다. 인간의 수명은 점점 늘어나지만 인구는 오히려 점점 줄어들고 있다. 이런 인구학적인 변화는 전문인력이 유례없이 부족해지는 사태로 이어질 것이다. 나아가 그들은 전문인력 시장만이 아니라 노동시장 전체에 대해서도 다른 전망을 제시한다. 경제활동인구가 감소하고 비경제활동인구가 증가하는 현상 때문에 실업이 아니라 오히려 노동력 부족이 문제로 나타나게 된다는 것이다.

하지만 완전고용이 우리의 올바른 목표가 될 수 없다는 사실에 인간과 기계의 미래에 관한 이런 논란이 그리 큰 영향을 끼치는 것은 아니다. 미래가 어떻게 되든 완전고용이라는 목표 자체가 이미 노동을 단지 생활비를 버는 수단으로만 그 의미를 낮추고 있기 때문이다.

완전고용이라는 발상은 사회구성원 모두의 안정된 생계를 사회적으로 보장하자는 데 그 취지가 있다. 일자리를 가진 사람은 임금을 받아서 안정된 생활을 꾸려갈 수 있을 것이다. 따라서 완전고용이라는 목표만을 기준으로 놓고 보면, 그가 무슨 일을 하는지, 그 일을 어떻게 하는지는 중요한 문제가 아니다. 중요한 것은 그가 실업자가 아니라는 사실뿐이다. 정치인들이 입만 열면 일자리 창출을 외치는 까닭도 여기에 있다.

완전고용이라는 목표는 노동의 가치를 생활비를 버는 수단 정도로 깎아내리는 잘못된 생각의 전형이다. 노동은 창출하거나 보장하는 것이 아니다. 무엇인가 해야 할 필요가 있을 때 해야 할 그 뭔가를 하는 것, 이것이 바로 노동이다.

우리 앞에는 언제나 해야 할 무엇인가가 놓여 있다. 하지만 해야 할 그 일들이 모두 다 임금을 매개로 한 고용과 피고용의 형태로만 존재하지는 않는다. 흔히 일자리라고 불리는 그러한 형태의 노동은 점점 줄어들고 있다. 그러므로 스위스 취리히연방공과대학교의 노동심리학자 테오 베너의 추론은 타당하다. "완전고용이라는 발상은 조건 없는 기본소득이라는 발상보다 훨씬 더 유토피아적이다."[13]

전문인력의 부족

시간이 지날수록 사람은 노쇠해가지만, 기계의 성능은 반대로 더 향상된다. 이런 일이 어떤 결과를 낳을지는 아무도 알 수 없다. 제레미 리프킨과 같은 학자들은 이로부터 인간의 노동이 종말을 고하게 될 것이라는 전망을 이끌어낸다. 산업 합리화의 진보와 정보화 기술의 발전으로 인간이 힘겨운 노동으로부터 벗어날 수 있게 된다는 것이 그들의 핵심 주장이다.

전문인력의 수도 점점 줄고 있다. 엔지니어, 의사, 간호사, 교사의 수는 이미 상당히 부족한 수준에 이르러 있다. 그리고 이처럼 전문인력이 부족해지는 현상은 앞으로 더욱 심해질 것으로 전망된다. 이러한 현상을 어떻게 이해해야 할까?

조건 없는 기본소득은 누구에게나 전문교육을 받을 수 있는 기회를 평생 제공한다. 물론 자기 만족을 위해 전문교육을 받는 사람도 있을 수 있다. 하지만 자기 만족을 위해 전문교육을 받은 사람이라 할지라도 그렇게 획득된 그의 전문적인 능력은 어느 정도는 다른 사람들을 돕는 데 사용될 것이다. 전문적인 능력을 갖춘 사람은 그러한 능력을 필요로 하는 사람들이 누구인지도 잘 알고 있는 사람들이기 때문이다. 그래서 기본소득은 전문인력이 부족한 현상을 해결하는 것을 넘어서서 전문인력이 넘쳐나는 상황을 불러올 수도 있을 것이다.

　그렇다면 오늘날 기업들이 호소하는 전문인력 부족 현상이 나타나는 원인은 무엇일까? 무엇이 잘못되어 있기 때문일까? 수요가 있는데도 인력이 공급되지 않고 있는 데에는 그 직종의 매력을 감소시킨 다양한 이유들이 있을 것이다. 임금 수준이 시원찮을 수도 있고, 다른 직종이 더욱 인기를 끌게 되었을 수도 있다. 어떤 직종에서는 노동시장에 진입하는 것보다 이웃이나 친구와 같은 사적인 관계 속에서 이루어지는 것이 더 선호되는 경우도 있을 것이다.

　객관적으로 존재하는 것처럼 보이는 전문인력 부족 현상이 실제로는 노동시장에 의해 왜곡되어 나타난 것인 경우도 허다하다. 기업들이 제시하는 임금 수준이 만족스럽지 못한 경우에 구직자들은 취업 자체를 시도하지 않는다. 그래서 인력이 부족하다고 오인되기도 한다. 물론 이런 경우에는 임금이 만족할 만한 수준으로 올라가면 문제가 쉽게 해결될 수 있다. 평판이나 인정도 중요한 요소로 작용한다. 주위로부터 인정받고 존경받는 직종이라면 인력 부족 문제로부터 좀 더 자유로울 수 있을 것이다.

　조건 없는 기본소득은 우리로 하여금 뭐든지 할 수 있게 해주고, 반대로 뭐든지 하지 않을 수 있게도 해준다. 치매에 걸린 부모님을 요양시설에 맡기지 않고 집에서 직접 돌볼 수도 있고, 대학에 다시 들어가다른 전공을 공부할 수도 있다. 언제든 시간을 내서 친구에게 컴퓨터 프로그램 사용법을 가르쳐주거나, 이웃에게 가스레인지를 설치해줄 수도 있다. 이런 사적인 활동으로 만족하지 못하겠다는 사람은 기본소득이라는 기반 위에서 자신이 중요하다고 생각하는 직업을 선택해 더많은 소득을 얻을 수도 있다.

기본소득이 시행되면 기업들은 더 이상 휘황찬란한 홍보용 책자를 만들지 않을 것이며, 마케팅에 열을 올리지도 않을 것이다. 그 대신 가족친화적인 반나절 일자리를 만들거나, 휴가를 학교 방학에 맞춰 실시할지도 모르겠다.

물론 서비스 분야까지 자동화 시스템을 확대하기 위해 투자를 할 수도 있다. 자동화 기술은 나날이 발전하고 있다. 작동에 어떤 문제가 생기면 자동화 시스템이 확대되고 있는데도 여전히 그 업무에 종사하고 있는 전문인력이 투입되거나, 그 전문인력도 문제를 해결하지 못한다면 다른 첨단기계의 도움을 받게 될 것이다.

이러한 산업 합리화에 따른 일자리와 전문인력 감소에 대한 조건 없는 기본소득의 안전장치는 일자리를 보호하기 위한 것이 아니라, 그 일자리에서 일하던 사람들을 보호하기 위한 것이다. 이는 스칸디나비아 국가들의 공공정책과도 유사하다. 그들은 파산에 직면한 기업을 구제하는 것이 아니라, 파산에 직면한 기업의 노동자들을 구제한다. 독일 정부는 적극적으로 시장에 개입해서 〔자동차 회사인〕 오펠Opel을 지원했지만, 스웨덴 정부는 사브Saab가 아니라 사브의 노동자들을 지원했다. 이처럼 이른바 〔기업의 인력 조정 권한을 넓혀주는 대신에 해고된 노동자에게는 정부 지원과 재취업 기회 등의 안전성을 제공하는〕 '유연안전성Flexicurity'이란 유연성과 안전성의 공존을 의미한다.[14]

조건 없는 기본소득은 우리로 하여금 어떤 일자리가 불안정해 보이더라도 그것이 우리가 바라던 일이라면 안심하고 그 일에 종사할 수 있게 해준다. 그러므로 조건 없는 기본소득이라는 기반 위에서는 전문인력 부족 현상처럼 가치 있는 것들이 부족해지는, 곧 노동이 생계의 수단으로만 다루어지는 노동시장에서 발생하는 문제들도 충분히 해결할 수 있게 된다.

자동화의 결과

자동화된 세상은 축복이자 저주이다. 축복이라고 할 수 있는 근거들은 쉽게 눈에 띈다. 로봇, 기계, 프로그램 등과 같은 모든 자동화 기술들은 우리를 힘들고 지루한 노동에서 벗어날 수 있게 해준다. 머지않아 무인자동차가 거리를 누빌 것이고, 진단 애플리케이션이 의사를 대신하고, 로봇이 간호사를 대체할 것이다. 성질이 급하지 않은 로봇 간병인들은 짜증도 내지 않고 24시간 내내 밤낮없이 곁에서 우리를 돌봐줄 것이다.

이런 일들은 (독일의) 프라운호퍼 연구소가 케어오봇Care-O-bot을 선보인 뒤로 이미 하나의 가능성이 아니라 우리 눈앞에서 벌어지고 있는 현실이 되었다.[15] 떠들썩한 논란을 불러일으켰던 일본의 (심리치료용) 물개 로봇 파로PARO도 이미 성공적으로 시장에 진입했다. 쓰다듬으면 감고 있던 눈을 뜨며 몸을 귀엽게 움직이는 물개 로봇은 치매 환자들의 정서 안정에 큰 도움을 주고 있다. 이것은 저주일까 축복일까?[16]

우리 코앞으로 다가와 있는 이런 현실이 잘 실감나지 않는다면 스웨덴의 텔레비전 연속극 「리얼 휴먼즈Real Humans」를 시청해 보는 것도 좋을 것이다. '휴먼 로봇'이라는 말을 줄여서 만든 '휴봇Hubots'이라는 이름의 로봇들이 등장하는 「리얼 휴먼즈」는 이제 머지않아 우리 앞에 펼쳐질 미래를 생생하게 보여준다. 근무시간이든 여가시간이든 휴봇은 거의 모든 일상을 우리와 함께 한다. 심지어 방대한 양의 정보를 저장할 수 있는 휴봇은 한 사람을 똑같이 모방할 수도 있다. 하지만 휴봇은 밥도 먹지 않고 잠도 자지 않는다. 기본소득도 필요 없다. 그들에게 필요한 것은 단지 전기뿐이지만, 그마저도 필요에 따라서는 전원을 꺼버리면 된다.

자동화가 축복이 될 수 있는 궁극적인 이유는 기계의 한 부속품으로 전락해버린 인간이 이제 그런 무의미한 노동에서 벗어나서 의미 있는 노동을 할 수 있게 되었다는 점에 있다. 그러나 오늘날 많은 사람들은 컨베이어벨트 옆에 인간이 설 자리가 없어지고 있다고 탄식만 하고 있을 뿐이다. 우리가 이룬 성공의 역사를 똑바로 바라보지 못한 채 계속해서 무의미한 노동에 짓눌려 땀 흘리기만을 원하고 있다니 참으로 슬픈 일이 아닐 수 없다. 하지만 지금은 오히려 그 동안 우리가 이룬 기술의 진보를 어떻게 복지로 연결할 수 있을지를 고민해야 할 때이다.

이런 관점에서 보면, 조건 없는 기본소득은 자동화에 대한 일종의 이익배당금이나 마찬가지이다. 로봇은 소득을 필요로 하지 않지만, 우리는 소득이 있어야만 살아갈 수 있다. 그래서 로봇이 우리의 일자리를 가져가 일을 하고, 임금을 필요로 하지 않는 로봇 대신 우리가 그 임금을 받는 것이다. 곧 로봇이 일을 하는 세상을 만드는 데 기여한 보상을 모두가 나누어 받는 셈이다.

이처럼 기본소득은 기술의 진보로 생긴 이익을 사회구성원 모두가 나누어 가짐으로써 객관적인 여건으로는 이미 오래 전에 가능할 수도 있었던 개성적인 자유를 마침내 실현할 수 있게 해준다. 다시 말해서 저마다 원하는 방식대로 자유를 실현할 수 있게 해주는 것이다.

일과 삶의 분열 증상

우리는 목숨이 붙어 있는 한 꿋꿋하게 살아간다. 유치원에 다니는 아이들이든, 요양원에 입원해 있는 노인들이든, 집안일을 하는 엄마든, 사무실 의자에 앉아 일하고 있는 아빠든, 일광욕을 즐기고 있든, 승진하기 위해 안간힘을 쓰고 있든, 이런 기분이든 저런 기분이든 우리는 모두 꿋꿋하게 살아가고 있다. 이렇게 살아가고 있는 시간들이 바로 우리의 삶이다.

우리의 삶을 노동시간과 여가시간으로 구분하는 것은 현대에 들어와서 시작된 일이다. 고대 아테네의 시민들을 이러한 구분에 관해 알지 못했다. 그들의 삶은 언제나 여가시간이었고, 그들이 소유한 노예의 삶은 언제나 노동시간이었다. 중세의 농부들에게는 해야 할 일을 하고 있을 때가 노동시간이었고, 그 일을 다 마치면 여가시간이었다. 그들에게는 일해야 하는 시간이 정해져 있지 않았다. 그 때가 언제든 그들이 일하고 있으면 그것이 그들의 노동시간이었다.

하지만 산업화와 분업이 본격화되면서 사람들이 공장으로 모여들었고, 출근과 퇴근이라는 뚜렷한 경계선에 따라 노동시간과 여가시간이 나누어졌다. 그리고 오늘날에는 이러한 구분을 기초로 '일과 생활의 균형'*이라는 개념도 생겼다.

이렇듯 우리는 여전히 산업화 시대의 산물인 낡은 이분법에 얽매여 노동과 삶의 균형을 잃지 않으려고 안간힘을 쓰면서 살아가고 있다. 너무 지나치거나 적게 일하거나 놀지 않으려고 언제나 전전긍긍하며,

---

* 일과 생활의 균형(Work-Life Balance) : 노동자가 일과 생활을 모두 잘 해내고 있다고 느끼는 상태를 가리키며, 이를 위해 설계된 근무형태 다양화, 가족대상 프로그램, 개인 생활 지원 등의 제도를 WLB프로그램이라고 한다.

좋은 일자리와 멋진 여가생활을 누리기 위해 노동과 여가의 스트레스 속에서 살아간다. 그렇게 우리는 노동을 우리의 삶으로부터, 우리 자신을 노동으로부터 분리시키고 있다.

노동과 삶을 분리시키는 '일과 삶의 분열증'은 오늘날 우리 모두가 앓고 있는 하나의 집단적인 질병이다. 이제는 과거에서 벗어나 노동의 시간도 삶의 한 부분이라는 사실을 받아들여야 한다. 우리의 삶이라는 책을 구성하고 있는 하나하나의 종이들은 당연히 우리가 살아가는 모든 순간들로 채워지기 때문이다.

그렇지만 우리는 노동을 삶에서 분리함으로써 노동의 가치를 깎아내리고, 나아가 노동의 주체인 우리 자신의 가치마저도 깎아내리고 있다. 내일의 자유를 얻기 위해 오늘 굴레 안으로 자신을 밀어 넣는 사람에게는 내일의 자유가 결코 오지 않는다. 마찬가지로 내일 멋진 생활을 즐기기 위해 오늘 노동의 굴레 안으로 자신을 밀어 넣는 사람에게도 내일의 멋진 생활은 오지 않는다.

노동과 삶에 대한 이러한 낡은 이분법은 실은 우리가 여가시간이라고 불리는 그 시간에도 날마다 매우 가치 있는 일을 하고 있다는 사실을 잊게 만든다. 아이를 학교에 데려다주는 엄마, 아이 숙제를 도와주는 아빠, 아픈 친구를 부축해주는 아이, 거동이 불편한 할머니의 집을 청소해주는 이웃 아주머니 등은 모두 가치 있는 일을 하고 있는 것이다. 하지만 우리는 단지 돈벌이를 위한 것이 아니라는 이유만으로 그것들을 일이라고 인식하지 않는다.

만일 우리가 어떤 일을 필요한 일이라서 하고, 하고 싶은 일이라서 한다면 그 일은 이미 그 자체로 우리의 생활이자 노동이다. 그러나 '일과 생활의 균형'은 우리의 노동을 강제노역과 같은 끔찍한 것으로 만들어버린다. 그리고 우리를 어떤 때는 부지런하기만 하고, 어떤 때는 게으르기만 한 우스꽝스러운 반쪽짜리 존재로 만들어버린다.

노동의 시간도 여가의 시간도 모두가 삶의 시간이다. 그 둘을 갈라 놓으면서 노동의 시간은 속박의 시간이, 여가의 시간은 불모不毛의 시간이 되어버린다. 이미 우리는 자유롭게 일하고 자유롭게 생활할 수 있는 기반을 이루어 놓았다. 그런데도 그렇게 하는 것을 가로막으려는 사람이 있다면, 그는 자유로운 인간이라는 미래의 자산을 헛되이 날려 버리려는 자일 것이다.

먹지 않은 사람은 일할 수도 없다

"일하기 싫어하는 자는 먹지도 말라."[17] 『신약성서』의 바울 서간에 나오는 유명한 말이다. 때는 사도들의 시대였고, 당시 바울이 이런 말을 한 데에는 나름의 역사적 배경이 있었을 것이다.[18] 어쨌거나 이 말은 오랜 세월을 거치며 살아남아 오늘날에도 하나의 무시무시한 도덕적 명령으로 위력을 떨치고 있다. 일한 것이 없으면 받을 것도 없다! 나누어 가질 것을 만드는 과정에 함께 참여하지 않은 자는 나누어 가질 자격이 없다는 말이다.

하지만 문제는 나누어 가질 것이 넉넉지 못한 데 있는 것이 아니라, 우리들의 생각이 넉넉지 못한 데 있다. 지난 수천 년 동안 우리는 결핍의 역사에 관해 이야기를 해왔다. 더 정확하게 표현하자면 지식 획득과 식량 상실의 역사이다. 아담과 이브는 지식의 나무에 달린 열매를 따 먹고서 지식을 습득할 수 있는 능력을 지니게 되었으나, 동시에 그 때문에 풍요로운 낙원에서 쫓겨나야만 했다. 그 뒤 신의 심판에 따라 아담은 식량을 구하기 위해 땀을 흘려야 했고, 이브는 아이를 낳는 혹독한 고통을 겪어야 했다. 성서가 전해주는 고통·결핍·지식에 관한 최초의 정황이다.

그러나 아담과 이브가 받은 것은 형벌이 아니라 선물이었다고 창조에 관해 완전히 다르게 말할 수도 있을 것이다. 신이 자신의 능력과 선함, 자신의 완전함과 불완전함, 자신의 권세와 자유, 자신의 고독과 사랑을 증명한 것이 창조라고 한다면, 아담과 이브는 세상으로 쫓겨난 것이 아니라 세상이라는 선물을 받은 것이라고도 볼 수 있기 때문이다. 그렇다면 우리는 이 선물을 어떻게 다루어야 할까?

선물은 자유의 산물이다. 강요에 의해 준 것이거나 받은 것이라면 그것은 선물일 수 없다. 하지만 세상을 선물로 받은 우리는 무슨 이유에서인지 이 세상에 태어난 사람이라면 누구나 먼저 노동을 통해 이 세상에서 살아갈 수 있는 자격과 양식을 얻어야만 한다고 생각한다. 그렇게 우리는 자신에게 주어진 값진 선물을 스스로 내동댕이친다. 생존의 수단이라는 의미를 제외하고는 별다른 의미를 지니지 못하는 노동에 짓눌려 살아가면서도, 심지어 이미 오래 전에 우리의 생존에 필요한 모든 것들이 마련되어 있는데도, 우리는 여전히 일하지 않는 자는 먹을 자격이 없다고 생각한다. 곧 노동이야말로 없어서는 안 될 생존의 자격이라고 생각하고 있는 것이다. 세상에 커다란 파이가 넘쳐나는데도 자신이 얼마나 부지런한 사람인지를 증명하지 않은 사람은 작은 한 조각의 파이도 먹어서는 안 된다고 하는 것이나 마찬가지이다.

나누어 가질 것을 만드는 과정에 함께 참여하지 않은 자는 나누어 가질 자격이 없다는 말은 그것이 빚어낸 결과만큼이나 통속적이다. 그 말이 빚어낸 결과의 모습은 이렇다. 나누어 가지는 과정에 함께 참여할 수 있는 자격을 얻은 사람은 그 자격을 유지하기 위해 자신이 뭔가 의미 있는 일을 하고 있는 척한다. 나누어 가지는 과정에서 배제된 사람도 그 사람대로 나누어 가질 자격을 얻기 위해 뭔가 의미 있는 일을 찾은 척한다. 나누어 가질 것을 만드는 과정에 함께 참여하지 않은 자는 나누어 가질 자격이 없다는 이 말 때문에 오늘날 우리는 사팔뜨기가 되어버렸다. 우리의 눈은 일을 보고 있는 척하고 있을 뿐이지, 실제로는 소득을 곁눈질하느라 바쁘다.

기본소득은 우리로 하여금 소득을 흘낏거리느라 사팔뜨기가 되지 않게끔 도와줄 것이다. 나아가 정말로 필요한 일이 무엇이고, 하고 싶은 일이 무엇인지를 또렷하게 볼 수 있게 해줄 것이다.

새로운 낙원

"제아무리 성인군자라도 배가 불러야 성인군자이지."[19] 베르톨트 브레히트가 쓴 『서푼짜리 오페라*Dreigroschenoper*』라는 작품에 나오는 말이다. 당장 굶주림도 해결되지 않은 사람한테 고상한 행동을 요구하는 부당함을 풍자하고 있다.

노동도 마찬가지이다. 일도 배가 불러야 할 수 있는 법이다. 일하지 않는 사람에게 줄 빵은 없다는 것은 "눈은 눈으로, 이는 이로"라는 『구약성서』식의 생각이다. 『신약성서』의 생각은 다르다. "누가 네 오른뺨을 치거든 다른 뺨마저 돌려 대어라." 잘못을 저지른 사람에게 스스로 잘못을 뉘우칠 기회도 주지 않고 욕부터 퍼부어대는 것은 결국 자기 얼굴에 침 뱉는 것이나 마찬가지라는 말이다. 고문에 의한 자백은 진실이 될 수 없듯이, 생존을 위해 마지못해서 하는 일들도 세상을 좋게 만들지는 못한다.

만약 우리가 성서의 이야기처럼 낙원에서 쫓겨난 것이라면 어떻게 해야 낙원으로 다시 돌아갈 수 있을까? 물질만을 기준으로 놓고 본다면, 오늘날 낙원은 이미 우리 곁에 도달해 있다. 그러므로 우리가 낙원의 정신적인 정경을 그려보는 것만으로도 우리 앞에 낙원의 문이 활짝 열리게 될지도 모른다. 자연과 기술은 우리에게 빛과 따뜻함, 전기와 에너지를 선사해주고 있다. 곧 자연과 기술은 우리로 하여금 자신이 바라는 다른 일들을 할 수 있도록 우리의 생존에 필요한 많은 일들을 처리해주고 있는 것이다.[20]

위협은 낙원에 어울리는 말이 아니다. 낙원에 어울리는 말은 초대이다. "누구든 와서 지식의 나무에 달린 열매를 원하는 만큼 마음껏 따드세요." 신기하게도 그 열매는 줄기는커녕 따서 먹을수록 더 많아진다. 새로운 에덴동산이다. 베일은 벗겨졌다. 새로운 에덴동산으로 우리를 초대하는 자는 우리 자신이다. 요셉 보이스의 우편엽서에는 이렇게 적혀 있었다. "생각하려 하지 않는 사람은 자기 자신을 쫓아내는 사람이다."[21]

노벨상을 받은 러시아의 경제학자 바실리 레온티예프는 현대의 '낙원 패러독스'에 관해 이렇게 말했다. "지난 200년 동안 이루어진 기술 진보의 역사는 원칙적으로 인류가 낙원으로 돌아가기 위해 점진적이지만 끊임없이 걸음을 옮긴 낙원 회귀의 역사이기도 하다. 마침내 그

역사가 이루어져 어느 날 갑자기 낙원을 다시 찾게 된다면 우리한테는 어떤 일이 벌어지게 될까? 인간의 노동 없이도 재화가 넘쳐나는 낙원에는 인간의 일자리는 찾아보기 힘들 것이므로 재화와 함께 실업자도 넘쳐날 것이다. 변화한 기술조건에 걸맞은 소득정책이 만들어지지 않는 한, 우리의 낙원은 재화가 넘쳐나지만 다른 한편으로는 굶주리는 사람들로 넘치는 곳이 될 것이다."[22]

레온티예프의 말처럼 기본소득이 보장되지 않는다면 우리는 풍요로운 낙원에서 지옥의 고통을 겪게 될 수도 있다. 조건 없는 기본소득은 우리로 하여금 필요한 것을 가질 수 있도록 도와준다. 그래서 우리가 할 수 있는 것을 할 수 있게 해준다. 오늘날 부족한 것은 재화가 아니다. 풍요로움 속에서 몰락하지 않기 위해 오늘날 우리에게 절실하게 필요한 것은 용기와 상상력이다.

일하려고 하지 않는 사람은 아픈 사람이다

"일하기 싫어하는 자는 먹지도 말라." 바울의 이 말은 오늘날 사회계약을 이루는 하나의 구성요소로까지 여겨진다. 누군가가 일하기를 거부해서 계약을 위반한다면, 그는 지금까지 사회에서 받아왔던 혜택들을 포기해야 한다. 사회는 자신의 성과를 노동 불능의 상태에 있는 사람들, 예컨대 나이가 너무 적거나 많다는 등의 이유로 아직은 일을 할 수 없거나 더 이상 일을 할 수 없는 사람들과 나눈다. 그렇지만 일하기를 싫어하는 것, 다시 말해서 게으름은 계약을 위배한 것으로 판단한다.

이 문제와 관련해 우리는 먼저 다음과 같은 질문을 던져야 할 것이다. "그가 일하려고 하지 않는 이유는 무엇인가?" 이러한 질문에 대해 기업가인 괴츠 베르너는 이렇게 대답한다. "일하려고 하지 않는 사람은 아픈 사람이다."[23]

그렇지만 대부분의 사람들은 이렇게 생각한다. "일하려고 하지 않는 사람은 부도덕한 사람이다." 일하려고 하지 않는 사람은 근면함이라는 도덕적인 의무를 위반하고 있다고 생각하기 때문이다. 하지만 그가 부도덕하든 병이 들었든 어떤 이유로도 한 사람의 생존 기반을 뿌리째 뽑아 버리는 것 자체가 이미 그다지 품위 있는 사회적 행위는 아닌 것 같다.

생존이 위협받는 상황으로부터 우리를 지켜주는 고맙기 그지없는 노동이지만, 생존을 위한 수단 이상의 의미를 지니지 못하는 노동은 우리의 의욕을 자연스럽게 감소시킨다. 따라서 게으름은 인류학적 특징 가운데 하나라기보다는 아무런 의미와 가치, 심지어는 필요조차도 없어 보이는 노동에 대한 정신적 면역체계의 건강한 반응이라고도 할 수 있을 것이다. 곧 일하기 싫어서 빈둥거리던 사람도 그에게 가치 있고 재미있는 일을 만나면 열심히 일할 수도 있다.

그렇지만 풍요롭기 짝이 없는 오늘날에도 여전히 일자리를 갖고 있지 않고서는 생활이 불안정해질 수밖에 없으므로, 우리가 노동의 또 다른 의미를 발견하기란 결코 쉽지 않다. 이로부터 앞에서 말했던 괴츠 베르너의 진단을 칭송하는 또 하나의 문장이 만들어진다. "의미 없는 노동을 하는 사람은 병들게 된다."

의미 없는 노동에 길들여진 실존의 형태로서의 노동중독도 마찬가지로 하나의 질병이다. 노동은 의미를 가질 때에야 비로소 그 일을 하는 자에게 만족감을 안겨준다. 의미 없는 노동에 길들여진 열망은 오히려 세계를 망가뜨린다.

우리는 곧잘 어떤 목표를 달성하는 순간 그 목표에 담겨 있는 의미를 잊어버리고는 한다. 철학자 한나 아렌트는 『비타 악티바*Vita activa*』라는 책에서 이런 현상과 관련된 노동사회의 비극적인 운명에 대해 말한다. 그녀에 따르면, 오늘날 우리의 노동사회는 이미 오래 전에 불필요한 것이 되어버린 자신의 존속을 위해 안간힘을 쓰고 있다. 노동사회는 자신이 노동 그 자체가 아니라, 사회구성원의 복지를 위해 존재한다는 사실을 잊어버렸다. 아침 일찍부터 저녁 늦게까지 중노동을 수행하며 살아가는 〔도구를 사용하는 존재〕 '호모 파베르Homo faber'는 마치 다른 방식의 삶은 있을 수도 없다는 듯이 생각한다. 노동 그 자체가 유일한 목표가 되어 버린 〔노동하는 동물〕 '아니말 라보란스Animal laborans'는 마침내 자신이 누구인지조차 잊어버린 것처럼 보인다. "오늘날 우리의 노동사회는 자신이 가장 잘 할 수 있는 그것, 곧 노동이 점점 더 불필요해지고 있는 현실과 맞닥뜨리고 있다. 이보다 더 슬픈 운명이 또 어디에 있겠는가?"[24]

우리는 일을 한다. 복지와 자유가 아니라 일 그 자체를 위해서 일을 한다. 다시 말해서 넌덜머리를 내면서도 일자리를 잃지 않으려고 죽어라고 일을 한다. 만약 우리 사회가 생존의 수단이라는 오래된 노동의 의미에서 벗어나 사회구성원들이 저마다 지닌 자유의 가능성들을 실현하기 위한 매개물로서 노동의 의미를 발견해낸다면, 우리가 더 이상 그런 무의미한 노동에 시달릴 필요는 없을 것이다.

기계는 작동하고 사람은 행동한다

일이란 만들어서 하는 것이 아니라, 해야 할 일이 있을 때 하는 것이다. 그것도 되도록 효율적이고 지혜롭게 하는 것이다. 해야 할 일을 인간보다 더 효율적으로 처리하는 기계가 만들어졌다면, 그 일은 그 기계한테 맡기는 것이 지혜로운 선택이다. 하지만 우리는 이미 오래 전부터 기계가 처리할 수 있었던 많은 일들도 여전히 우리 손으로 하고 있다. 반드시 인간이 해야 할 필요가 없는 그런 일들을 굳이 인간이 하게 놓아 두는 것은 인간의 노동이 지닌 가치를 깎아내리는 것이나 마찬가지인데도 그렇다.

기계가 우리보다 훨씬 더 효율적으로 처리할 수 있는 그런 기계적이고 단순한 일들이 아니더라도 인간이 해야 할 일은 많다. 인간만이 가지고 있는 정성을 필요로 하는 일들 말이다.

우리는 부모님을 효율적으로 모시려고, 아이들을 효율적으로 가르치려고, 베토벤의 9번 교향곡을 효율적으로 연주하려고 그 일들을 기계에 맡기지는 않는다. 최소한의 시간에 최대한 많은 악보를 연주하는 것, 최소한의 정성으로 최대한 많은 아이들을 가르치는 것, 최소한의 효성으로 나이 드신 부모님을 최대한 잘 모시는 것이 문제의 핵심이 아니라는 사실을 잘 알고 있기 때문이다. 이런 일들을 하는 데 무엇보다 중요한 것은 음악과 아이들, 부모님에 대한 우리들의 자발적인 정성이다.

기계는 작동하지만 사람은 행동한다. 매뉴얼에 따른 노동에는 명령만이 필요할 뿐이지만, 인간의 사유에는 생각할 시간이 필요하다. 유치원부터 대학에 이르는 다양한 교육기관들이 만들어진 이유도 여기에 있다. 부지런히 생각하지 않는 사람에게는 새로운 아이디어가 떠오르지 않는다. 새로운 아이디어는 시간을 충분히 갖고 자유로운 시각으로 생각할 수 있을 때에야 비로소 솟아난다. 중력의 법칙은 사다리를 타고 사과나무로 올라가서 열심히 일한 사람이 아니라, 떨어지는 사과를 오랫동안 관찰하면서 생각했던 사람이 발견했다. 자동차도 더 튼튼한 말을 찾다가 발명된 것이 아니다.

이처럼 새로운 아이디어는 새로운 질문을 던질 수 있는 사유의 시간을 필요로 한다. 좋은 생각은 결코 어쩌다 그냥 생겨나는 것이 아니다. 좋은 생각이란 조금만 한눈을 팔아도 휙 스쳐 지나가거나 엄벙덤벙 덤벼들었다가는 낭패 보기 십상인 그런 것이다. 어쩌다 저절로 번쩍 떠오른 것처럼 보이더라도, 그 생각의 밑바탕에는 많은 시간들이 켜켜이 쌓여 있다.

마이크로소프트의 창업자인 빌 게이츠, 아마존의 창업자인 제프 베조스, 위키피디아의 설립자인 지미 웨일스, 페이스북의 창업자인 마크 저커버그, 구글의 창업자인 래리 페이지와 세르게이 브린은 모두〔자율성에 기초한 교육을 추구하는〕몬테소리 학교를 다녔다.[25] 이들은 모두 뭔가 미래에 있을 법한 어떤 것들을 상상하고 만들면서 놀던 아이들이었다. 그리고 그런 이들이 세상을 바꿨다. 오늘날 우리는 마이크로소프트와 아마존, 위키피디아와 페이스북, 구글이 존재하는 세상을 당연한 것처럼 생각한다. 하지만 이것들이 생겨난 과정은 결코 당연한 것이 아니었다. 그렇다고 혹독한 수고로움이 핵심적인 역할을 했던 것도 아니었다. 이것들이 생겨날 수 있었던 가장 핵심적인 기반은 생각하는 데 필요한 넉넉한 시간과 자유로운 의지였다.

인간을 기계적인 노동의 굴레에서 벗어날 수 있게 해줄 기계를 발명하고 사용하는 일을 단지 생존의 수단일 뿐인 일자리를 지키기 위해 가로막는 것은 어리석은 짓이다. 조건 없는 기본소득은 우리가 이런 어리석음을 저지르지 않게 해준다. 조건 없는 기본소득은 기계가 할 수 있는 일은 기계가 하는, 매우 당연한 것이면서도 아직껏 실현되지 못했던 상황을 실현할 수 있게 해준다. 그래서 조건 없는 기본소득은 인간만이 할 수 있는 일들에 더 집중할 수 있는 귀중한 시간들을 우리에게 되돌려준다.

기본소득은 근면함의 독재만이 아니라 게으름의 독재에도 굴종당하지 않도록 우리를 도와준다. 근면함에 대한 요구와 게으름에 대한 욕구가 서로 싸우는 동안 효율적인 생산은 방해를 받는다. 조건 없는 기본소득은 자발적인 근면의 기반을 만들어서 이런 소모적인 싸움에 종지부를 찍는다. 그래서 효율적인 생산을 가능케 한다.

근면하지 않으면 상도 받지 말아야 하는가? 기본소득은 우리 모두에게 우리가 원하는 것을 할 수 있는 상을 준다. 조건 없는 기본소득은 우리에게 자신만의 소망을 만들고 키울 수 있는 공간을 만들어준다. 외부로부터 부여된 요구들은 곧잘 나를 자신의 소망과 상관없는 곳으로 몰아넣는 횡포를 부린다. 그러나 기본소득은 우리에게 내가 하고 싶은 일은 무엇이고, 내가 하기 싫은 일은 무엇인지를 또렷하게 볼 수 있는 눈을 가져다준다. 오늘날 우리들은 대부분 원하지 않는 일을 하면서 살고 있다. 조건 없는 기본소득은 이런 비극적인 상황을 멈추게 한다. 우리가 자신에게 솔직해질 수 있도록 용기를 가져다주고, 원하지 않는 일을 두려움 없이 내팽개칠 수 있게 해준다. 그래서 우리가 스스로를 책임질 수 있게 해준다. 스스로에게 책임을 진다는 것은 내가 나 자신에게 원하는 것을 할 수 있게 해주는 것이기 때문이다.

나는 부지런하고 너는 게으르다

다음 문장은 수많은 오해와 선입견과 비방을 불러일으킨다. "나는 부지런하고 너는 게으르다."

얼핏 보기에는 그리 위험해 보이지 않는다. 그렇다! 나는 부지런하다. 나는 노력한다. 나는 최선을 다한다. 그런데 다른 사람은? 아마 어느 누군가는 바짝 몰아붙이면 얼마간은 부지런을 떨 수도 있겠지. 하지만 그냥 내버려두면 마냥 게으름만 피울 것이 분명하다. 그렇다! 근면 없이는 보상도 없고, 노력 없이는 결실도 없으며, 노동 없이는 복지도 없다. 태만과 나태, 의욕 상실은 우리를 썩게 만든다. 그렇다! 부지런한 사람은 스스로를 돌보고 책임지며, 다른 사람에게 폐를 끼치지 않는다. 하지만 게으름뱅이들은 민폐덩어리 그 자체이다. 그들은 남들이 죽어라고 일하고 있을 때 해먹 위에서 늘어지게 낮잠만 잔다.

하지만 이런 모든 비난들은 어쩌면 경솔한 생각일지 모른다. 부지런함과 게으름을 판단하는 근거는 무엇인가? 그리고 이런 식으로 규정된 나와 다른 사람의 관계를 나와 다른 사람 모두가 인정할 수 있을까? 그리고 노동에 대한 우리의 태도를 (노동에 대한 열정이라는) 부지런함과 (노동에 대한 거부라는) 게으름의 두 개념으로 구분하는 것이 과연 옳은 일일까? 게으름에는 칭찬할 만한 것이 전혀 없을까? 과연 부지런한 것이 꼭 좋기만 한 것일까? 앞에 놓인 문제에 따라 일하는 모습도 달라질 수밖에 없지 않을까? 무엇보다도 나와 다른 사람을 그렇게 엄격히 구분 짓는다면 우리라는 말은 도대체 무슨 의미가 있겠는가?

먼저 부지런함에 관해서 살펴보자. 현대 독일어에서 '부지런함'을 뜻하는 '플라이스Fleiß'라는 말은 '투지'나 '전의'를 뜻하는 고대 게르만

어 어원에서 비롯되었다. 그리고 부지런함은 오늘날과는 달리 과거에는 시민이 지녀야 할 덕목 가운데 하나로 여겨지지도 않았다. 심지어 고대 그리스의 시민사회에서는 부지런함이 오히려 금기시되기도 했다. 부지런함은 시민이 아니라 노예가 지녀야 할 덕목으로 여겨졌고, 시민들은 여유로운 시간 속에서 예술을 창작하고 정치토론을 벌였다.

그렇지만 오늘날에는 상황이 그때와는 완전히 반대가 되었다. 부지런하지 않은 사람은 아무것도 얻지 못한다. 근면 없이는 보상도 없다. 그래서 신들을 섬기고 예술을 창조하는 일 대신에 혹독한 노동에 허덕이면서 윗사람의 눈치를 살피는 일에만 몰두하고 있다.

분업화된 사회에서는 자기가 자신의 일을 스스로 책임져야 한다고 생각하는 사람을 사회적 덕성을 갖춘 사람이라고 볼 수 없다. 어느 누구도 더 이상 자기 자신을 위해 일하지 않기 때문이다. 가장 근면한 자는 가장 자기 자신을 위하지 않는 자이다! 이미 오래 전부터 우리는 다른 사람들을 위해, 서로가 서로를 위해 일하고 있다. 내가 다른 사람들로부터 받고 내가 다른 사람들에게 주는 것, 이것이 바로 분업이다.

모두가 죽도록 일하는 것이 이러한 상호 호혜를 성공적으로 이루는 데 도움이 되는지도 확실치 않다. 죽도록 일만 하는 사람은 기계와 다를 바 없다. 그렇게 그는 스스로를 자동화한다. 자동화된 인간은 효율적일 수도, 혁신적일 수도 없다. 구조적으로 볼 때 현대 사회의 노예라고 할 수 있는 근면한 기계를 발명한 사람들은 부지런한 사람들이 아니라, 여유로운 시간 속에서 생각하던 이들이었다. 여유로운 시간이 없으면 생각도 없다는 것이 혁신의 법칙이다. 혁신은 여유로운 시간이 가져다주는 보상인 것이다.

그렇다면 게으름은 어떨까? 만약 게으름을 마음의 태만으로 규정한다면, 기독교에서 말하는 7가지 죄악 가운데 하나인 '아케디아acedia' 가 바로 그것을 가리킨다. 아케디아는 우리에게서 이성과 사색, 믿음 과 배려, 관조의 힘을 빼앗아가서 신과 더불어 살아가는 거룩한 삶을 망가뜨린다.

하지만 지금 우리는 지난날 아케디아의 죄악에 물든 사람들이 신에게 저질렀던 이런 모독 행위를 우리와 함께 살아가고 있는 사람들에게 저지르고 있다. 단지 몸을 움직여 열심히 일하지 않는다는 이유만으로 그들을 아케디아에 빠진 죄인들로 몰아붙이고 있는 것이다.

모든 열매는 썩어 거름이 되어 자기 안의 씨앗이 자라서 새로운 열매를 맺을 수 있게 한다. 마찬가지로 미래를 위해 새로운 것을 준비하는 게으름도 사회의 요구와 이상을 거절하는 아케디아와는 근본적으로 다르다. 이런 게으름은 죄악이 아니라, 새로운 것이 태어날 수 있게 해주는 하나의 밑거름이다.

이처럼 "나는 부지런하고, 너는 게으르다"라는 말은 부지런히 생각하는 사람은 게으를 수밖에 없다는 사실을, 나아가 그와 같은 게으른 사람이 우리에게 꼭 필요하다는 사실을 간과하고 있다. 이제 우리는 다른 사람에게는 저급한 인간의 모습을 부여하고 자신에게는 고급한 인간의 모습을 부여하는, '나'와 '너'로 쪼개져 있는 '우리'를 문명화해야 한다.

기본소득은 우리에게 내가 그리는 나의 모습과 다른 사람의 모습에 관해 새롭게 생각해 보도록 촉구한다. 게으른 너 때문에 부지런한 내가 손해를 본다는 생각에 사로잡혀 있는 한, 내게 다른 사람들은 몰아붙여야 할 게으른 동물 이상의 의미를 지니기 어렵다. 동일자와 타자, 근면과 나태의 이분법을 넘어설 때에야 우리는 비로소 용감함과 여유로움을 바탕으로 함께 살아가는 삶을 만들어갈 수 있을 것이다.

그렇다고 "나는 게으르고, 너는 부지런하다"고 거꾸로 뒤집어 생각
하라는 말이 아니다. 나와 다른 사람에 관한 편협한 시각을 버려야 한
다는 뜻이다. 이런 자유로운 시선이 우리로 하여금 미래를 바라볼 수
있게 해줄 것이다.

노동 패배자와 여가 챔피언

널리 알려진 미국의 패스트푸드 체인의 이름인 '티지아이프라이
데이스TGI Friday's'는 사람들이 흔히 사용하는 표현인 '즐거운 금요일
Thank God it's Friday'이라는 말을 줄여서 나타낸 것이다. 그런데 우리는
도대체 왜 금요일만 되면 이렇게 기뻐하는 것일까? 모두들 말하듯이
자유 때문이라면 우리는 도대체 무엇으로부터 자유로워지는 것일까?
그리고 무엇을 위해 자유로워지려고 하는 것일까?

누군가 하기 싫은 일을 매일같이 8시간 동안이나 해야 한다면, 일
을 마친 뒤에는 언제나 밥 먹을 기운조차 없을 정도로 파김치가 되어
버릴 것이다. 그래서 그는 월요일이 시작되자마자 어서 빨리 금요일이
오기만을 갈망한다. 금요일 저녁과 주말, 그리고 휴가. 하기 싫은 일을
넌더리를 내면서도 억지로라도 해야 하는 사람들에게 이 시간들은 그
야말로 해방의 시간일 것이다.

일이 중요한가, 삶이 중요한가? 우리는 삶을 위해서 별다른 의미나
보람도 느끼지 못한 채 매일 8시간 동안 삶과는 동떨어진 저편에서 일

을 한다. 그러나 중요한 것은 삶이다. 일은 부차적인 것일 뿐이다. 따라서 삶을 풍요롭게 만들어 주는 여가생활이야말로 무엇보다 중요하다. 여가시간이 되어서야 우리는 비로소 완전히 몰입할 수 있게 된다. 파티에도 가고, 공연도 관람하고, 조깅이나 쇼핑도 하면서 몸과 마음에 쌓인 피로를 씻어낸다. 하지만 그런 여가활동에서도 다시 피로가 쌓이게 마련이다. 그래서 여가생활로 쌓인 피로를 씻어낼 휴식이 필요하므로, 일하면서 툭하면 졸기 일쑤이다.

우리는 노동사회에서 살고 있다. 그리고 그 노동사회는 여가사회의 실현을 자신이 이루어낸 업적으로 여긴다. 오늘날 우리는 거의 강박에 가까우리만치 여가활동에 집착한다. 여가활동을 위한 온갖 상품들이 우후죽순처럼 새로 생겨나 곳곳에 넘쳐난다. 도대체 업무시간에 어떤 일을 하기에 이렇게 미친 듯이 여가활동에 집착하는 것일까? 여가활동을 계획하고 예약하는 일이다.

어쨌든 금요일이 되면 신비한 에너지 음료 레드불을 마시고〔유럽을 대표하는 저가항공사인 이지젯의 비행기를 타고〕베를린으로 바르셀로나로 주말여행을 떠나는 '이지젯 사회EasyJet-Gesellschaft'가 분출한다. 하지만 레드불이 달아준 마법 같은 날개도 영원하지는 않다. 주말이 끝나면 여가활동으로 지친 몸을 끌고 일터로 나와 따분함에 진저리를 친다. 우리는 이제 노동 패배자이고, 여가 챔피언이다.

그곳이 놀이공원이든 쇼핑센터든 도대체 우리는 왜 이런 멍청한 짓에 목을 매고 있는 것일까? 일을 할 때 충분히 몰두하지 못했기 때문일지도 모르겠다. 생활에 필요한 돈을 번다는 것을 제외하고는 별다른 의미도 재미도 느끼지 못하는 일에 몰두하기란 애당초 불가능하다.

월요일은 숙취 후의 두통으로 정신없이 지나간다. 화요일은 예정된

출장을 다녀오면 하루가 다 지나갈 것이다. 수요일에는 사업평가회에 참석해서 그럭저럭 시간을 보내면 된다. 목요일은 견뎌내야 한다. 고지가 멀지 않았다. 그리고 마침내 금요일이다. 토요일은 금요일 다음 날이고, 일요일은 우울한 날이다. 월요일이 다가오고 있기 때문이다.

일과 여가가 좀 다른 양상을 띠는 경우도 있다. 어떤 경우에 우리는 집보다 직장에서 더 편안함을 느끼기도 한다. 마침내 월요일이다. 이제 우리는 다시 직장 사무실의 의자에 편히 앉아서 쉴 수 있다. 자유가 있는 곳이다. 우리는 오히려 뭔가를 하며 여가시간을 보내야 한다는 압박감 때문에 시달리기도 한다. 스포츠 동호회에도 나가야 하고, 문화생활도 즐겨야 한다. 가족들과 놀이공원에도 가야 하고, 언제 한 번 보자고 몇 번이나 전화가 왔던 친구를 만나서 술도 한 잔 해야 한다. 말이 여가시간이지 주말이 되면 더 정신이 없다. 그렇다고 어디 숨을 곳도 없다. 하지만 주중에는 직장 사무실에 편히 앉아 있을 수 있다.

이 두 가지 경우는 일이 우리들에게 즐거움이 되지 못한다는 점에서 같다. 앞의 경우에 일이 속박이라면, 나중 경우에는 도피처이다. 왜 우리는 스스로 기꺼이 일하지 못할까? 일이란 해야 하는 것이라고 배웠기 때문이다. 아무리 먹고 살기 위해서 해야 하는 것이라지만, 하고 싶지 않은 일을 기꺼이 하기란 쉽지 않은 노릇이다.

이따금 우리는 퇴근을 하고 집에 와서도 일을 하고, 휴가를 가서도 일을 멈추지 못하기도 한다. 어쩔 수 없어서이기는 하지만, 쉬어야 할 시간인데 결코 달갑지는 않다. 휴가에서 돌아와 출근을 한다고 해도 상황은 크게 달라지지 않는다. 어차피 어쩔 수 없이 해야만 하는 지긋지긋한 일이다. 그래서 휴양지 펜션이 아닌 사무실에 해먹이 걸리고, 휴양지 펜션의 식탁이 사무실 책상이 되어 버린다.

이것은 무엇을 의미할까? 우리가 하는 일이 먹고 살기 위해 어쩔 수 없이 해야만 하는 일인 한, 우리는 일을 하는 시간에도 여가생활을 즐기는 시간에도 결코 행복할 수 없다는 사실을 보여준다고 할 수 있을 것이다.

무엇이 동기를 부여하는가

누군가에게 떠오른 좋은 아이디어가 내게도 하나의 동기 부여가 될 수 있다. 그 아이디어를 내 것으로 할 수 있다면 동기 부여의 효과는 더 커진다. 다른 사람의 아이디어를 빼앗는다는 뜻이 아니다. 나누어 가진다는 말이다. 아이디어는 나누어 가질수록 작아지기는커녕 오히려 커진다.

어느 누군가의 아이디어를 자유롭게 사용할 수 없다면 나는 그것에 그리 큰 흥미를 느끼지 못할 것이다. 물론 아이디어가 아니라 다른 것으로 동기 부여를 할 수도 있다. 예컨대 돈과 같은 것 말이다. 아니면 이런 식으로 말할 수도 있을 것이다. "일 자체만 놓고 보자면 뭐 그리 중요한 일 같지는 않지만, 그래도 흥미로운 사람들을 많이 만날 수는 있을 것 같아." "일은 따분할 것 같지만, 그래도 함께 일할 동료들이 참 좋은 사람들 같아 보여." 이렇게 우리는 하고 싶지 않은 일을 해야 할 때면 뭔가 이유를 찾아 스스로에게 동기 부여를 한다. 하지만 동기 부여의 측면에서 보면, 하고 싶어서 하는 일과 해야만 해서 하는 일 사이에는 매우 커다란 차이가 존재한다. 하고 싶어서 하는 일은 그 자체가 강력한 동기 부여로 작용하지만, 해야만 해서 하는 일은 스스로에게 어떻게 동기 부여를 하든 언제나 뭔가 삐거덕거리게 마련이다.

동기 부여와 관련된 자극에 대해서는 지금까지 많은 연구들이 이루어져 왔다. 미국의 베스트셀러 작가인 다니엘 핑크는 『드라이브*Drive*』라는 책을 통해서 우리에게 실질적으로 동기를 부여하는 것이 무엇인지를 명쾌하게 보여주었다. 인간의 지적 능력이 필요하지 않은 기계적이고 단순한 일인 경우에는 금전적인 자극이 매우 효과적이다. 하지만 생각이 필요한 일인 경우, 금전적인 자극은 오히려 나쁜 결과를 가져온다. 돈을 많이 준다고 해서 나은 성과를 거둘 수 있는 것이 아니다. 오히려 정반대의 결과가 나타난다.

이처럼 인간으로서의 가치가 발휘될 수 있는 경우에 금전적인 동기 부여는 별 의미를 지니지 못한다. 돈으로 동기 부여를 하는 행위는 의욕 상실을 불러오고, 혁신을 가로막는 결과만 가져올 뿐이다.[26] 핑크에 따르면 존중의 결여, 뒷배 봐주기, 보상, 처벌, 정보의 결여, 불투명성, 불공정성, 감시와 감독, 부하 직원에 대한 상사의 불신, 잘못된 칭찬, 부당한 비난, 인색한 인정認定 등이 동기를 파괴하는 주범들이다. 그와는 반대로 존중, 존경, 투명성, 신뢰, 자율적 책임, 능력에 대한 인정, 탐구욕, 공정성 등은 내면적인 동기를 고취한다.

왜 우리는 맨날 텔레비전 앞에서 맥주나 마시면서 무기력하게 시간을 보내는 것일까? 왜 그렇게 수많은 사람들이 매일같이 십자낱말풀이나 숫자 퍼즐에만 매달리고 있는 것일까? 뭔가를 밝혀내는 것, 뭔가를 계획하는 것, 누군가를 돕는 것 등으로 동기 부여를 한다면 우리는 드라마를 보거나 숫자 퍼즐을 푸는 것보다 훨씬 더 큰 즐거움을 느낄 수 있을 텐데 말이다.

이스라엘의 학생들은 해마다 특정한 날이 되면 집집마다 돌아다니며 좋은 일에 쓸 기부금을 모은다. 미국의 행동경제학자 유리 그니지와 알도 러스티치니는 기부금을 모으는 학생들을 세 집단으로 나누어 관찰했다. 모든 학생들에게 그들이 하는 일이 사회를 위해 얼마나 중요한지 알려 주었지만, 한 집단에게는 어떤 보상도 약속하지 않았다. 그러나 다른 한 집단에게는 그들이 모은 기부금의 1퍼센트를 보상으로 주겠다고 약속했으며, 나머지 한 집단한테는 기부금의 10퍼센트를 보상으로 주겠다고 약속했다.

결과는 어떠했을까? 10퍼센트를 보상으로 주겠다고 약속했던 집단의 학생들이 1퍼센트를 보상으로 주겠다고 약속했던 집단의 학생들보다 두드러지게 많은 기부금을 모았다. 하지만 가장 좋은 성과를 거둔 것은 어떤 보상도 약속하지 않았던 집단의 학생들이었다.[27]

이 연구가 알려주고 있는 것은 단지 외부적인 자극으로 내면적인 동기가 와해된다는 사실만이 아니다. 그니지와 러스티치니는 이런 동기 와해 효과와 더불어 또 하나의 흥미로운 사실도 우리에게 보여주었다.

그들은 가장 효과적으로 기부금 모금활동을 할 수 있는 방법이라고 생각하는 것은 다음 세 가지 가운데 어떤 것인지를 실험에 참가했던 학생들에게 물었다. 아무런 보상도 주지 않는 것, 기부금의 1퍼센트를 보상으로 주는 것, 기부금의 10퍼센트를 보상으로 주는 것. 거의 모든 학생들이 기부금의 1퍼센트를 보상으로 주는 것을 가장 효과적인 방법이라고 생각한다고 대답했다. 하지만 앞서 보았듯이 실제로는 1퍼센트를 보상으로 약속했던 경우가 가장 결과가 나빴다. 모순된 상황이 아닐 수 없다. 우리는 우리 자신에게나 다른 사람에게나 가장 비효과적인 동기 부여 방식을 가장 효과적이라고 생각하고 있는 것이다.

생존 경쟁

생존의 문제와 직결된 영역에서 경쟁은 적절하지 않다. 그러나 아이디어나 계획, 생산과 같은 영역에서는 경쟁이 적절할 뿐 아니라 필요하기까지 하다. 어떤 것이 더 좋은 아이디어인가? 무엇이 더 나은가? 어떤 것이 더 현명한가? 아이디어 경쟁은 세계를 활기차게 만든다. 하지만 생존 경쟁은 세계를 위험에 빠뜨린다.

조건 없는 기본소득은 아이디어 경쟁이 활발해지게 한다. 어떤 경우라도, 심지어 규모가 큰 경쟁자를 상대로 해야 하는 경우라도 생존을 위협받지 않는 안전한 상황에서 자유롭게 경쟁할 수 있게 해주기 때문이다. 나 자신의 생존 문제만이 아니라, 나와 경쟁하는 사람의 생존 문제도 내가 자유롭게 경쟁하지 못하게 할 수 있다. 어떤 경우라도 내 경쟁자가 생존의 위험에 빠지지 않는다는 사실을 알고 있으면, 나는 더 자유로운 마음으로 그와 경쟁을 벌일 수 있을 것이다. 나와 마찬가지로 경쟁자의 생존도 보장되어 있다면 나는 가지고 있는 모든 능력을 발휘할 수 있을 것이다.

이처럼 기본소득은 공정하고 자유로운 경쟁을 가능하게 한다. 그리고 우리로 하여금 생존의 위험에서 벗어나 뭔가를 자유롭게 해볼 수 있게 한다. 지금과 같은 신자유주의적 경쟁을 말하는 것이 아니다. 더이상 다른 사람을 걱정할 필요가 없다는 말도 아니다. 기본소득이 시행되면 우리는 더 이상 생존을 위해 경쟁할 필요도, 나아가 경쟁을 위해 생존의 위험을 무릅쓸 필요도 없게 된다는 뜻이다.

기본소득은 소득의 필요성 때문에 지금까지는 번번이 포기할 수밖에 없었던 아이디어나 계획을 진지하게 검토하고 과감하게 실행으로 옮길 수 있는 기반을 우리에게 제공해준다. 아무리 좋은 아이디어나 계획이라 할지라도 그것이 소득이라는 문제와 연관되어 생존을 위협할 수 있다면 우리는 그것을 실행으로 옮기는 데 머뭇거릴 수밖에 없다. 당장 소득이 없으면 가족의 생계를 유지할 수 없는 사람한테 소득 따위에 얽매여 좋은 생각을 썩이고 있다고 비난을 퍼부어 댈 수는 없는 노릇일 것이다.

조건 없는 기본소득은 소득과 생존에 대한 걱정 없이 내 감정과 비판을 자유롭게 표현할 수 있게도 해준다. 만약 다른 사람의 소득도 안전하게 보장되어 있다면 우리는 마음 놓고 그에게 공감하거나 맞설 수 있을 것이다. 지금까지 소득이라는 문제에 발목이 묶여서 얼마나 많은 좋은 생각들이 처참히 버려졌을지를 상상해 보라. 조건 없는 기본소득은 소득과 아이디어 사이에서 갈등하는 사람들이 불안감을 떨쳐버리고 아이디어를 실천으로 옮길 수 있게 해줄 것이다.

조건 없는 기본소득이라는 새로운 사회계약이 불러오는 아이디어의 경쟁은 경쟁의 형식들도 넓힌다. 협력은 경쟁보다 더욱 세련된 형식이다. 실제로 지금도 우리는 다른 사람들과 경쟁만 하고 있는 것은 아니다.

경쟁이 내 생존을 위해 다른 사람의 생존을 용납하지 못하는 생존 경쟁의 성격을 띠고 있다면 참으로 비극적인 상황이 아닐 수 없다. 우리가 생존 경쟁의 관계 속에서 살아가는 한, 나 아닌 다른 사람들의 생존은 결국 나에게 해로운 것이 된다. 하지만 '나'라는 존재는 다른 사람들과 함께 할 때에야 비로소 의미를 가질 수 있다. 기본소득은 경쟁이 소득과 생존의 차원을 넘어설 수 있게 한다. 그러면 그 경쟁은 경쟁이면서 동시에 협력이기도 한 것이 될 것이다.

날아오르게 떠받치는 힘

어떤 것으로부터 뭔가 압력이 가해지면 우리는 불편함을 느낀다. 그리고 우리에게든, 아니면 압력 그 자체에게든 그런 불편한 상태로부터 어떤 종류의 변화가 생겨난다. 압력은 더 이상 기존의 어떤 상태를 유지할 수 없게 만든다.

근본적으로 이러한 변화 자체가 나쁜 것은 아니다. 압력이 어떻게 작용하는가 하는 것이 문제일 뿐이다. 압력이 우리가 찾아낸 가능성들을 가로막고 억압하는 것으로 작용하면, 그때 압력은 억압으로 변질된다. 억압은 우리를 움직일 수 없게 만든다. 억압은 우리를 옥죄어 변화할 수 없게 만든다.

어떤 압력이 사회적 책무와 연관되어 있을 경우에 그것은 예상치 못한 힘을 만들어내기도 한다. 사업설명회가 코앞으로 다가온 프로젝트나 마감 시한이 얼마 남지 않은 원고 등은 우리로 하여금 초인적인 능력을 발휘하게 한다. 곧바로 몰려올 손님을 맞이할 준비를 하는 것이나 선거운동 종료 시점을 눈앞에 둔 선거처럼 말이다.

이런 상황들은 그 안에 자유가 내재되어 있다는 공통점을 지닌다. 지금 내게 가해지는 압력이 내가 스스로 선택한 것이며 나 자신도 그 사실을 명확하게 인식하고 있다면, 그러한 압력은 내게 활기를 북돋아준다. 하지만 내가 스스로 선택한 상황이라는 사실을 미처 인식하지 못하거나, 아니면 부모님의 뜻을 거역할 수 없어서 원하지 않는 입시 준비를 해야 하는 경우처럼 애당초 스스로 선택한 상황이 아니라면, 기한이 닥쳐와도 압박감만 커질 뿐이지 힘을 더 내지는 못한다.

생존에 대한 압박감으로부터 높은 성과를 이끌어낼 수 있다는 것이 압력에 관한 오늘날의 생각이다. 생존이 힘겨운 상황에 부닥치면 생존을 위협하는 요소들을 극복하기 위해서라도 가지고 있는 힘을 모두 다 쏟아낼 수밖에 없다는 것이다. 하지만 이와 같은 생각은 옳은지 그른지 하는 문제는 일단 제쳐 놓더라도 냉혹하기 짝이 없는 것이라는 비판만큼은 피할 수 없을 것이다.

극도로 생존의 위협을 받는 사람은 짐승과 다르지 않게 변할 수도 있다. 생존의 위기에 놓인 사람에게는 인간으로서의 존엄성과 가치를 지키는 일보다 생존 그 자체가 우선일 수밖에 없기 때문이다. 따라서 생존에 대한 압박은 창조·참여·혁신·연대와 같은 중요한 가치들을 내팽개치게 만든다. 물론 생존에 압박을 받는 사람은 다람쥐가 쳇바퀴를 돌리듯이 놀라울 정도로 부지런해질 수도 있을 것이다. 그러나 적어도 결핍의 상태에서 벗어난 사회라면 이런 의미 없는 노동을 강요해서는 안 된다.

압력에는 건설적인 압력도 있고, 파괴적인 압력도 있다. 생존에 대한 압력은 파괴적인 압력이다. 그러나 회오리가 되어 솟구치는 압력은 건설적이다. 비행기 날개 아래를 지나는 공기처럼 위로 밀어 올리는 압력은 우리를 날아오르게 한다. 우리는 그것으로부터 자신이 생각하는 더 나은 세상으로 세계를 변화시키기 위해 능동적으로 이런저런 시도들을 과감하게 행동으로 옮길 수 있는 용기를 얻는다. 그러나 생존에 대한 압력은 위로 밀어 올리는 압력이 아니라 밑으로 내리누르는 압력이다.

분업화된 사회에서 우리는 다른 사람이 우리를 위해 그들이 할 수 있는 최선의 능력을 발휘할 수 있도록 그들의 날개를 떠받치는 힘이 되어주어야 한다. 기본소득은 이를 위한 하나의 능동적인 실천이다.

오늘날 우리의 생존을 위협하고 우리에게서 능동성을 빼앗아가고 있는 것은 실업 그 자체가 아니라, 실업을 매개로 한 소득의 상실이다. 조건 없는 기본소득은 우리를 내리누르는 압력은 감소시키고, 우리를 날아오르게 하는 압력은 증가시킨다. 조건 없는 기본소득은 우리가 서로에게 지우는 부담이 아니라, 서로가 서로에게 즐거움을 줄 수 있는 상호 호혜적인 실천이기 때문이다.

의욕과 좌절

기본소득이 보장되는 사회에서 우리는 더 자주적이고 능동적으로 일할 수 있게 된다. 하지만 피고용자들이 소득에 얽매여 있는 것이 이윤을 창출하는 수단이었던 기업으로서는 그러한 사회가 그리 달갑지만은 않을 것이다. 예컨대 기본소득이 보장되어 있다면, 임금 수준이 터무니없이 낮은 일을 사람들이 굳이 선택할 이유는 없을 것이다.

피고용자들이 자신이 하는 일과 자신이 몸담고 있는 기업의 문화를 얼마만큼 자신과 동일시하는가 하는 문제는 피고용자에게나 고용자에게나 모두 중요할 수밖에 없다. 기본소득은 부당한 기업에 맞설 수 있도록 피고용자들에게 힘을 실어준다. 하지만 기본소득은 피고용자들이 단지 임금을 받기 위해서 일하는 것이 아니라 흥미와 관심과 열정을 가지고 일할 수 있는 환경도 만들어준다. 그래서 기업에게도 힘을 실어준다. 단지 소득이라는 한 가지 이유만으로 사표를 던지는 사람이 없어지게 될 것이므로 기업의 〔변화에 대한 적응능력인〕 유연성이 높아질 것이다. 그리고 생존에 대한 불안감 때문에 하고 싶지도 만족스럽지도 않은 일을 억지로 할 필요가 없어지므로 우리의 삶도 유연성이 높아질 것이다.

기본소득은 자주적이고 능동적인 존재로 살아 갈 수 있는 기반을 마련할 수 있도록 우리에게 제공되는 일종의 창업자금과 같은 것이다. 오늘날 수많은 능동적인 시도들이 생존의 위협에 부닥쳐 물거품이 되어버리고 있다. 하지만 나와 가족의 생존이 보장되어 있다면 우리는 정말로 하고 싶은 일을 하면서 멋진 성과들을 만들어낼 수 있을 것이다. 그래서 기본소득은 사업체든 시민단체든 뜻있는 목표를 가지고는 있지만 충분한 자금을 지니지 못한 조직체들한테도 창업자금으로서의 구실을 해줄 것이다.

기본소득이 보장된다면 다음과 같은 말은 설 자리를 잃게 될 것이다. "정말 한번 해 보고는 싶은데 어쩔 수 없어." 기본소득이 보장되면 우리는 하고 싶은 일에 자신의 힘을 집중시킬 수 있게 된다. 하고 싶은 일에 대한 열정을 더 이상 물거품으로 만들지 않아도 된다. 자신의 아이디어에 대한 확신이 앞에 나서고, 돈이 지닌 결정력은 뒤편으로 나앉게 된다.

아무리 멋진 아이디어를 가지고 있어도 생계가 불안한 사람은 아이디어보다 생존을 위한 돈벌이를 우선으로 여길 수밖에 없다. 하지만 생존을 위한 안정된 소득이 보장되어 있는 사람은 생각과 행동의 폭이 넓어진다. "아니오"라고 말할 힘이 없는 사람한테는 "예"라고 말할 힘도 없다. 무기력함의 수위를 낮추고 의욕의 수위를 높인다면 얼마나 더 생산적이고 효율적이게 될지를 생각해 보라. 즐겁게 일하는 사람이 성과도 높게 올리는 법이다.

무엇보다 하고 싶었던 일, 자율적으로 결정할 수 있는 일을 할 때 즐거움은 곱절로 늘어난다. 취리히에 살고 있는 경제학자 마티아스 벤츠와 브루노 프라이의 연구에 따르면, 스위스의 경우에는 임금노동자들보다 자영업자들의 노동만족도가 뚜렷하게 높은 것으로 나타났다. 이런 결과가 스위스에만 국한되어 나타나는 것은 아니다. 독일과 미국, 일본과 방글라데시 등 조사 대상이었던 23개국이 모두 스위스와 동일한 양상을 보였다.[28]

벤츠와 프라이의 연구에 따르면, 자영업자들의 높은 노동만족도는 높은 자율성과 일에 대한 흥미라는 두 가지 요인에 근거하고 있다. 이런 사실이 개인주의적 성향이 강하다고 여겨지는 서구 사회에만 해당되는 것은 아니다. 아시아인들은 대체로 서구인들보다 공동체 의식이 강해서 집단에 소속되어 있을 때 더 자존감을 높게 느낀다는 생각이 널리 퍼져 있다. 그렇지만 일본에서도 회사원들보다 자영업자들의 노동만족도가 더 높게 나타났다. 이런 결과는 자주성과 자율성이야말로 우리의 일에 관한 만족감의 원천이라는 사실을 또렷하게 보여준다. 조건 없는 기본소득은 우리 안에 숨겨져 있는 이 두 가지 원천을 끄집어내고 확산시킨다.

게으름에 관한 두 가지 시각

사람은 원래 게으르다는 사실이야말로 조건 없는 기본소득을 가로막는 가장 큰 걸림돌이다. 아무 일도 않고 가만히 있어도 다달이 생활비가 꼬박꼬박 들어온다면 게으름이 뿌리를 내려 가지를 뻗고 활짝 꽃을 피울 것이다. 게으름이라는 나무에서 열리는 열매에는 독이 가득하다. 그 독은 사회를 파괴하고 도덕을 허물어뜨릴 것이다. 경제도 붕괴되어 아무리 기본소득을 유지하고 싶어도 유지할 수가 없게 될 것이다.

맞서 싸워야 한다. 그렇지 않으면 아무것도 남지 않게 되어버릴 것이다. 우리에게는 우리로 하여금 일을 하게 할 동기도 필요하고, 자극도 필요하다. 나아가려고 안간힘을 쓰지 않으면 언제나 같은 자리에만 머물러 있을 것이다. 그래서 우리는 기한도 정하고, 달성할 목표도 세우고, 지켜지지 않을 경우 불이익을 감수한다는 약속도 하고, 책무도 지는 것이다. 이것은 타율이나 강요와는 다르다. 당연한 책임이며 연대이다.

조건 없는 기본소득의 지지자들은 "아니오"라고 부정할 수 없는 이러한 상황에 대해서도 이러쿵저러쿵 말이 많다. 그러나 "아니오"라는 대답에서 비롯될 이 모든 결과들을 그 자신들이 직접 감수해야 한다면, 그때도 그들은 과연 "아니오"라고 말할 수 있을까?

자유란 무엇인가를 할 필요가 없는 상태를 뜻하는 것이 아니다. 자유란 아무것도 하지 않았는데도 소득이 주어진다고 저절로 생겨나는 것도 아니다. 만약 자유를 살 수 있다면, 그 자유는 슈퍼마켓에서 파는 치약과 별로 다르지 않은 수준의 가치밖에 지니지 못할 것이다. 자유란 모두가 다 가질 수 있는 것이 아니다. 자유는 성과를 거둔 자에게 주어지는 열매이다. 자유는 하늘에서 돈이 쏟아져 내린다고 해서 가질 수 있는 것이 아니다.

인간은 복잡하기 짝이 없는 존재이다. 노동을 해야 한다는 것이 비인간적인 것만은 아니다. 노동을 통해 우리는 발전한다. 걸핏하면 노동에 대해 악마라는 낙인을 찍는 것은 심각한 문제가 아닐 수 없다. 노동은 우리에게 삶의 의미를 선사하고, 우리를 사회와 결속시킨다.

기본소득은 자유를 핑계로 노동을 없애려고 한다. 그러면 결국에는 인간마저 사라지게 될 것이다. 기본소득은 사람들에게서 삶을 가치 있는 것으로 만드는 강인함을 빼앗아간다. 기본소득이 약속하는 자유는 인간을 나약한 존재로 만들어버리는 조건 없는 자유일 뿐이다.

이처럼 조건 없는 기본소득은 성숙한 시민들의 강인한 투지를 무장해제시킨다. 기본소득이 우리에게 가져다주는 것은 자유가 아니라 고립이다. 기본소득은 우리를 자유와 사이비자유가 뒤섞인 혼돈 속으로 끌고 들어간다. 기본소득이 보장되면 자유롭게 자기 계발을 할 기반이 만들어질 것이라고 떠들어대지만, 아무것도 하지 않는데도 다달이 꼬박꼬박 지급되는 백지수표는 그것과는 정반대의 결과를 가져올 것이다. 돈으로 물건이나 서비스를 살 수는 있지만, 인격의 자유로운 발달을 살 수는 없다. 감나무 밑에 누워서 감이 떨어지기를 기다리는 자유는 자유가 아니다.

결국 조건 없는 기본소득에는 조건만 없는 것이 아니라 생각도 없다. 일해야 할 필요와 의무가 없다면 아무도 일하려고 하지 않을 것이기 때문이다. 그러므로 조건 없는 기본소득은 종말의 시작일 뿐이다.

* * *

사람은 원래 게으르다는 선입견이야말로 조건 없는 기본소득을 가로막는 가장 큰 걸림돌이다. 인간이 원래 게으르다는 주장은 잘못된 편견이자 일종의 인류학적인 음모이다. 우리가 원하는 것은 자율적인 노동이지, 일하지 않는 것이 아니다. 사람은 누구나 일하기를, 사회활동에 참여하기를, 다른 사람들을 돕기를 원한다. 아무런 이유 없이 그저 해먹에 누워 빈둥거리기만을 원하는 사람은 없다.

어쩌다가 우리는 원래부터 게으르다는 누명을 뒤집어쓰게 된 것일까? 우리는 몹시 하고 싶은 일이 있을 때 우리가 가진 모든 힘을 거기에 쏟아붓는다. 그러나 흥미도 없으면서 어쩔 수 없이 해야 하는 일이라면, 그 일은 우리에게 어떠한 동기도 부여해 주지 못한다.

우리에게 내적인 동기를 부여해주는 일은 자신에게 좋은 목표가 될 수 있는 일이다. 내가 추구하는 목표와 내가 일하고 있는 회사가 추구하는 목표가 일치하는가? 만약 그렇다면 나는 매우 능동적이고 자발적으로 일할 수 있다. 하지만 그렇지 않다면 내게는 다른 동기 부여가 필요하다. 임금이 될 수도 있고 명예가 될 수도 있겠지만, 어쨌든 이런 경우에는 그 일 바깥에서 내가 일을 하는 동기를 찾을 수밖에 없다.

조건 없는 기본소득은 우리의 노동을 외적 동기로부터 지켜주고, 나아가 이를 통해 우리를 게으름으로부터 지켜준다. 조건 없는 기본소득은 '선 소득, 후 노동'이라는 패러다임의 변화를 본격적으로 출발시킨다. 소득은 자발적인 동기 부여의 기반이다. 자발적인 동기 부여가 이루어지면 노동은 즐거움이 된다. 외적 동기는 내면적 동기를 지속적으로 파괴한다. 물론 자유는 사고 싶다고 살 수 있는 것도, 주고 싶다고 줄 수 있는 것도 아니다. 하지만 우리는 자유가 구현될 수 있는 가능성의 문을 열 수도 있고, 그 문을 닫아버릴 수도 있다.

소득에 발목이 묶여 있는 한, 자발적인 노동은 실현되기 어렵다. 소득은 노동의 열매가 아니라 노동의 씨앗이다. 소득은 사과나무에 열린 사과처럼 우리 노동의 결실을 이루는 것이 아니다. 소득은 우리로 하여금 사과나무를 심을 수 있게, 그리고 사과를 수확할 수 있게 도움을 주는 것일 뿐이다. 우리가 일을 하는 동기는 일 그 자체여야 한다.

하고 싶지 않은 일을 어쩔 수 없이 해야 할 때 우리는 그 때문에 생기는 반작용에 부닥치게 된다. 언제까지 나는 의미도 가치도 없는 이런 일을 계속해야 하는 것일까? 의미에 대한 회의는 무기력함으로 이어진다. 게으름은 이런 실존적인 무의미함에 대한 일종의 반란이다.

게으른 사람은 아픈 사람이다. 몹시 아픈 사람은 몸져눕게 마련이다. 게으름은 하기 싫은 일 때문에 병이 난 사람에게 회복할 시간을 가져다준다. 그래서 다시 일할 수 있는 가능성을 열어준다. 게으름은 새로운 시작의 출발점이다.

사이비 대안과 잘못된 친구들

기본 방향을 살짝 비틀어 만들어내는 유혹은 강렬하다. 하지만 그 강렬한 유혹은 생산적이지 않고 파괴적이다. 방향을 비트는 기술들은 다양하다. 하지만 제아무리 그럴싸해 보인다 하더라도 잘못된 약속이나 목표는 우리에게 더 큰 불행을 가져다줄 뿐이다. 이런저런 목표에 도달하거나 수치를 넘어서면 우리는 자신이 이루어낸 성공에 기쁨을 감추지 못한다. 하지만 그 목표와 수치가 잘못된 것이거나 무의미한 것이라면, 미처 깨닫지도 못하는 사이에 우리가 이루어낸 성공은 우리를 더 큰 곤경에 빠뜨린다.

사이비 대안은 유혹의 특별한 형태이다. 사이비 대안들은 서로 정당성을 주장하며 다툰다. 하지만 어느 하나가 다른 하나와 정반대의 위치에 서 있다고 해도 모두 다 사이비일 뿐이다. 그릇된 것의 반대가 반드시 옳은 것을 의미하지는 않는다. 그것들은 근본적으로 잘못되어 있는 것들이다. 그릇된 것들보다 더 그릇된 것들이다.

사이비 대안은 잘못된 친구들이다. 그것들은 우리로 하여금 그릇된 것을 보면서 올바른 것을 보고 있다고 믿게 만든다.

두 손 가득 돈을 움켜쥐고 있는 어떤 사람이 돈은 결코 중요하지 않다고 말한다. 어떤 가난한 사람은 이 세상에 돈보다 더 중요한 것은 없다고 말한다. 돈을 미화한다고 해서, 아니면 반대로 돈을 경멸한다고 해서 빈곤이나 탐욕이 해소되지는 않는다.

사이비 대안들로부터 우리 자신을 지켜내기 위해서는 본질을 덮고 있는 제3의 장막을 걷어내야 한다.

"사람은 빵만으로 살지 않는다"[29]라는 「마태오 복음서」의 말은 "사람이 살아가는 데 빵은 불필요하다"(사이비 대안 1)는 뜻이 아니다. 그렇다고 "사람이 살아가는 데 필요한 것은 빵밖에 없다"(사이비 대안 2)는 뜻도 아니다. 그것은 말 그대로 사람은 빵으로만 사는 것이 아니라는 뜻이다. 성서의 표현에 따라 말하자면, 사람이 살아가는 데는 빵도 필요하지만 '하느님의 말씀'도 필요하다는 의미이다.

(사이비 대안 1처럼) 돈은 중요한 것이 아니기 때문에 기본소득은 필요하지 않다는 생각이 잘못된 것과 마찬가지로 (사이비 대안 2처럼) 기본소득이 모든 문제를 해결할 것이므로 돈을 더 많이 지급할수록 좋다는 생각도 잘못된 것이다. 조건 없는 기본소득은 소득을 보장하는 것 자체를 목적으로 하는 것이 아니다. 어디까지나 그것은 가치 있는

것들을 이루기 위한 밑바탕일 뿐이다. 조건 없는 기본소득은 소득이 아니라, 인간을 자신의 궁극적인 존재 이유로 인식한다.

오늘날 우리를 유혹하는 사이비 대안들에는 또 어떤 것들이 있을까? 무엇보다 노동에 대한 인식과 관련된 문제가 자못 심각하다. 우리는 노동에 관해 그 어떤 것보다 중요하고 반드시 해야만 하는 것이므로 일하지 않는 이는 부도덕한 사람이라는 생각(사이비 대안 1)을 가지고 있다. 동시에 노동은 우리를 고통스럽게 하는 나쁜 것이므로 일하는 시간은 일을 끝낸 뒤에 하고 싶은 것을 할 수 있기 위해서 감내해야만 하는 고통의 시간이라는 생각(사이비 대안 2)도 가지고 있다.

그러나 조건 없는 기본조건은 우리로 하여금 하고 싶은 일, 가치 있다고 생각하는 일을 할 수 있게 한다. 그래서 조건 없는 기본소득은 노동의 시간을 의미 없는 시간으로 폄하하지 않는다. 아울러 노동을 인간의 가치를 인정받을 수 있는 유일한 방법으로 숭배하지도 않는다. 기본소득은 노동의 해방을 가져와 우리로 하여금 자유롭게 일할 수 있게 한다. 곧 기본소득은 자유로운 노동의 실현을 방해하는 사이비 대안들을 멀리 날려 보낸다.

자기 결정

자신이 하는 일과 자기 자신을 일치시키지 못하는 사람은 게으름에 감염될 위험이 높다. 많은 사람들이 지적하고 있는 것처럼 게으른 사람들은 조건 없는 기본소득이 보장되면 더 게을러질까? 그렇지 않다.

오히려 게으름에서 벗어날 수 있게 될 것이다. 기본소득이 우리로 하여금 스스로 원하지 않는 일은 하지 않을 수 있게 해줄 것이기 때문이다. 게으름은 치유할 수 있는 것인가? 그렇다. 어떻게 가능한가? 자신이 원하는 일을 하면 된다.

조건 없는 기본소득은 '자기 결정'의 원칙을 지지한다. 아이들은 자연스럽게 이 원칙과 한 몸이 되어 있다. 아이들은 자기가 하고 싶은 것을 하지 않는 경우가 거의 없다. 아이들은 정반대의 경우에도 자기 결정의 원칙을 확실히 지킨다. 그들은 자기가 하고 싶지 않은 것은 결코 하지 않는다. 하지만 우리는 나이를 먹을수록 점점 자기 결정의 원칙에서 멀어져서 마침내 어느 순간부터는 자신의 결정보다 외부의 결정을 더 잘 따르게 된다.

도대체 왜 그렇게 되는 것일까? 자신이 남들보다 더 잘 안다고 생각하는 사람들 때문이다. 다른 사람에게 무엇이 좋은지를 누구보다도 잘 알고 있다고 생각하고, 다른 사람들을 이끌려고 하는 사람들 때문이다. 하지만 우리 자신을 이끌기에 가장 적합한 사람은 바로 우리 자신들이다.

문화연구가 칼마르틴 디츠는 이렇게 말한다. "개인주의화되어 있는 오늘날에는 개인들이 과거라면 상상도 할 수 없을 정도로 엄격하게 자신의 행동에 대해 스스로 책임을 져야 한다. 우리가 의지할 수 있는 전통들이 점차 사라져가면서 우리 자신들이 스스로의 삶의 모습을 만들어갈 수밖에 없게 되었기 때문이다. 이러한 상황은 자기 통치에 대한 의지와 능력을 필요로 하며, '개인주의화'된 사람들이 함께 일할 수 있는 새로운 형태의 협업을 만들어내는 것도 필요로 한다."[30]

스스로를 이끄는 법을 익히지 않은 사람들의 입지는 앞으로 점점 더 좁아질 것이다. 스스로를 이끌지 못하는 사람은 다른 누군가에게 이끌려갈 수밖에 없다. 다른 누군가에게 이끌려가는 사람은 자기 삶의 방향을 스스로 결정하지 못한다. 다른 사람이 정해준 삶에 길들여질 뿐이다.

조건 없는 기본소득은 하는 일 없이 떠돌아다니는 삶을 스스로 선택한 사람들도 포기하지 않는다. 그들을 교화할 것이라는 뜻이 아니다. 기본소득은 그들의 삶을 그들이 원하는 것과 다른 모습으로 바꾸기를 바라지 않는다. 그런 사람들에게 부정적인 낙인이 찍히는 것은 그들이 우리가 원하는 대로 살지 않기 때문이다. 기본소득은 그들의 삶을 우리가 원하는 모습으로 바꾸기 위한 것이 아니라, 그들이 스스로 원하는 모습의 삶을 살아갈 수 있게 보장하기 위한 것이다.

어떤 사람을 도움이 필요한 사람으로 규정하는 것은 그가 원하는 것에서 그를 떼어놓기 위한 가장 효과적인 방법이다. 거기에는 "내 도움이 필요한 사람은 내가 시키는 대로 해야 한다"는 식의 논리가 전제로 깔려 있다. 그래서 스스로는 아무것도 할 수 없다는 생각을 스스로 믿을 때까지 계속 반복해서 그에게 불어넣는다. 그런 다음에야 비로소 나는 그를 도울 수 있다. 그래야 그가 내 도움을 기꺼이 받아들일 것이기 때문이다.

이처럼 사람을 길들이는 가장 효과적인 방법은 그가 의지할 수 있는 모든 것을 없앤 뒤에 그 스스로는 아무것도 할 수 없다는 생각을 그의 머릿속에 새겨 넣는 것이다. 시키는 대로 군소리 없이 일하는 사람에게 보상을 넉넉하게 해주면 더 효과적이다. 더 많이 길들여질수록 자신의 삶을 스스로 결정할 수 있는 힘은 그 만큼 더 줄어든다.

생존의 위협과 관련되었을 경우에는 그러한 예속성의 강도가 가장 커진다. 생존이 위협을 받고 있는 사람은 약해질 수밖에 없다. 우리는 고문의 사례를 통해 이러한 사실을 확인할 수 있다. 사람들에게서 자기 결정의 가능성을 앗아가 버리는 것도 일종의 세련된 고문이나 마찬가지이다.

오늘날 우리는 일할 마음이 없는 사람의 귀에다 대고 일하지 않으면 당신은 살아갈 수 없을 것이라고 속삭인다. 잘못된 말이다. 당신이 일하지 않으면 당신과 함께 살고 있는 사람들이 살아갈 수 없다고 말해야 옳다. 자신의 복지가 다른 사람의 복지에 달려 있다는 것을 알게 되면 사람들은 다른 사람의 복지를 위해 힘을 기울이게 될 것이다.

노동의 해방

조건 없는 기본소득은 사회주의와 자유주의를 이어준다. 조건이 없으므로 자유주의이고, 모두에게 주어지므로 사회주의이다. (신자유주의와는 다른) '사회주의적 자유주의'라고도 할 수 있고, (사회주의와는 다른) '자유주의적 사회주의'라고도 할 수 있다.

정의와 자유라는 두 개념을 둘러싸고 그 동안 얼마나 오랜 세월을 좌파와 우파, 피고용자와 고용자로 갈라져 대립해 왔던가? 오늘날 우리의 기본적인 정치·경제적 관계로 굳어져 있는 이와 같은 대립은 결코 극복될 것 같아 보이지 않기도 한다.

하지만 기본소득은 이러한 대립을 극복할 수 있는 길을 열어준다. 이념의 차이를 효과적으로 중재할 수 있는 새로운 중도정당이 만들어질 것이라는 말이 아니다. 기본소득이 이루어내려고 하는 노동의 해방을 통해서 그와 같은 대립을 극복할 가능성의 문이 활짝 열리게 될 것이다.

노동은 인간적인 활동이지만, 때로는 저주가 되기도 한다. 제2차 세계대전 당시 아우슈비츠 수용소의 출입문 위에는 "노동이 자유를 준다"는 글귀가 새겨진 현판이 걸려 있었다.[31] 그 말은 "노동을 통해 모두가 제거된다"는 뜻을 은밀히 나타내고 있었다. 노동과 자유가 억압과 학살을 나타내는 암호처럼 쓰인 것이다.

그렇게 사람들은 자신의 노동으로 스스로의 무덤을 파야만 했고, 그런 식으로 수백만 명이 죽었다. 노동과 자유라는 개념이 상상조차 할 수 없는 비인간적인 만행을 위해 사용된 것이다. 이것은 노동과 자유에 대해 퍼부어댄 끔찍한 조롱이나 마찬가지였다. 그러나 그 죽음의 수용소가 폐쇄된 뒤에도 노동의 개념에 대한 악용은 오늘날까지도 여전히 이어지고 있다.

조건 없는 기본소득은 이렇게 억압을 위한 굴레로 악용되는 노동을 해방시킨다. 기본소득이 보장되면, 노동은 더 이상 억압이나 고통으로 나타나지 않는다. 기본소득이 보장되면, 내가 하고 싶은 바로 그 일이 나의 노동이 된다. 나아가 내가 나 자신을 발전시키고 싶어하는 바로 그 분야가 나의 노동이 된다. 기본소득과 함께라면 노동은 내게 힘과 의미를 주는 것이 되며, 완전한 인간으로서 자신을 스스로 체험할 수 있게 해주는 것이 된다.

노동은 인간적인 활동이다. 일하려고 하지 않는 사람은 그 만큼의 문제를 가진 사람이다. 마찬가지로 사람들에게 노동을 강요하는 사회도 그 만큼의 문제를 가진 사회이다. 자유롭게 노동할 수 있을 때에야 비로소 노동은 우리를 자유롭게 한다. 조건 없는 기본소득은 자유로운 노동을 실현할 수 있게 해서 노동과 인간을 해방시킨다.

사잇글 1

반대하는 사람들

인간 존엄성에 대한 모독

"조건 없는 기본소득은 인간의 존엄성에 대한 공격이다. 그것은 사회적 가치에 대해 내가 가지고 있는 생각과는 근본적으로 대립된다. 사회는 구성원 모두가 어떤 방식으로든 사회를 유지하는 데 기여해야 비로소 존속할 수 있다. [⋯] 자신의 생계를 스스로의 힘으로 꾸려가는 것은 우리 자신에 대해 우리가 짊어져야 할 책임의 핵심이자 우리가 자유로운 삶을 누릴 수 있는 근거이다. [⋯] 조건 없는 기본소득은 자유에 대한 부정이기도 하다. 그것은 국가 권력에 사회 전체를 예속시킨다. 그것은 계획경제의 방법이자 사회주의의 방법이다. [⋯] 그것은 끝내 스위스를 붕괴시키고 말 것이다."[32]

로거 쾨플 (스위스 언론인)

소득에 대한 권리는 존재하지 않는다

"자유국가에 소득에 대한 권리 따위는 존재하지 않는다. 존재하는 것은 소득에 대한 권리가 아니라, 자유에 대한 권리이다. 그리고 그것은 무엇보다도 국가 권력의 억압으로부터 자유로울 수 있는 권리를 의미한다. […] 복지의 확대를 추구하는 사람이라도 조건 없는 기본소득처럼 자유를 압살하는 망상을 제안해서는 안 된다. 주어져야 하는 것은 기본소득이 아니다. 생존의 위협으로부터 자신을 스스로 책임질 수 있는 더 많은 자유이다."[33]

미하엘 쇠넨베르거 (스위스 언론인)

기본소득은 청소년들의 동기를 파괴한다

"나는 우리 아이들이, 나아가 그 아이들의 아이들이 평생을 연금생활자로 살아가게 만드는 사회에 태어나는 것을 원치 않는다. 국가가 계속 생계비를 지원하는 것은 무엇보다도 청소년들의 동기와 에너지를 파괴해서 그들을 무기력증에 빠트릴 것이다. 청소년들로 하여금 삶의 기회를 스스로 팽개치게 하는 사회적 자극, 바로 그것이 조건 없는 기본소득이다."[34]

루돌프 슈트람 (스위스 사회민주당 소속 정치인)

게으름 중독을 부추기는 사회

"자신에 대한 책임감을 근본적으로 파괴하는 조건 없는 기본소득은 […] 국민들로 하여금 국가가 제공하는 혈관주사에 의존해서 살아가게 만들어 우리 사회의 시스템을 한가운데에서부터 붕괴시킨다. […] 조건 없는 기본소득은 자연의 섭리를 거역하는 것이다. 국가가 당신에게 아무런 조건 없이 생활비를 충분히 제공한다. 물론 그래도 당신이 원한다면 일하러 갈 수도 있다. 하지만 꼭 그래야만 하는 것은 아니다. 이런 식으로 우리 사회 전체가 게으름이라는 마약에 중독된다. […] 필요한 모든 것들이 주어지면 사람은 누구나 게을러지게 마련이다."[35]

필립 뮐러 (스위스 자유민주당 소속 정치인)

기본소득은 놀고먹는 자들의 약탈이다

"스스로를 책임질 수 있는데도 놀고먹기만 하는 자들이 부지런히 일하는 사람들을 착취하는 것을 더 이상 막을 수 없게 될 것이다. 조건 없는 기본소득은 '다른 사람들의 자유를 위해 다른 사람들의 삶을 책임져라'라는 의미 그 이상도 이하도 아니다. 해가 서쪽에서 뜰 일이다. […] 누구라 할 것 없이 모두가 나서서 말려야 한다. 조건 없는 기본소득은 사람과 사회의 실상에서 벗어난 생각일 뿐 아니라, 우리가 살아가는 세상의 기초를 뿌리째 뒤흔드는 것이기도 하다."[36]

카트야 젠티네타 (스위스 문화연구자)

죽을 때까지 휴가를 즐기는 부모들

"기본소득은 상상조차 할 수 없을 정도로 막대한 비용을 지불해야 하는 국가 개입이다. 그리고 그것이 실패하리라는 것은 불 보듯 뻔하다. [···] 조건 없는 기본소득이 가져다주는 자유는 일하지 않으려는 사람들을 위한 자유일 뿐이다. 일하는 사람들은 세금에 짓눌려 죽어갈 것이다. [···] 모든 가족 구성원이 기본소득을 받게 된다면, 세 명이나 네 명의 자식을 둔 부모들은 죽을 때까지 휴가를 즐길 수 있게도 될 것이다."[37]

라이너 아이힌베르거 (독일 경제학자)

그 엄청난 비용을 들여 부자들에게도?

"나는 조건 없는 기본소득에 반대한다. 엄청난 비용 때문만은 아니다. 그 엄청난 비용을 들여서 모두에게 빠짐없이 지불한다는 것이 터무니없어 보이기 때문이다. 백만장자 부모를 둔 어떤 젊은이가 일하기 싫어서 빈둥거리며 지내는데, 그런 그에게도 기본소득이 지급된다고 상상해 보라. 생활비가 필요하지도, 연대의식을 가지고 있지도 않은 그에게 기본소득을 주기 위해 다른 사람들이 일을 해야 한다는 것은 온당치 못한 일이다."[38]

그레고어 기지 (독일 좌파당 소속 정치인)

노력하는 사람이 비웃음을 받게 될 것이다

"경제라는 개념 안에는 존재하지 않지만 꽤나 유명한 공짜 만찬이
다시 데워지고 있다. […] 임금 수준이 높지 않은 사람들, 이민자들, 이
제 막 직장생활을 시작한 사회초년생들, 시간제 근무자들, 혼자서 아
이를 키우는 여성들, 맞벌이하는 아내들은 모두 지금까지 해오던 일들
을 그만둘 것이다. 그래서 생산 활동에 참가하는 사람들의 비율이 극
적으로 감소하게 될 것이다. […] 이미 서유럽 가정의 절반 이상은 생
계비의 일정 부분을 국가로부터 지원받고 있다. […] 기본소득이 실시
되면 중앙집권화가 강화되어 결국 사회는 전체주의의 양상을 띠게 될
것이다. […] 성과를 올리기 위해 노력하는 사람들도 비웃음거리가 될
것이다. […] 조건 없는 기본소득에는 그 어떤 신중함도, 그 어떤 자유
주의적인 요소도, 그 어떤 사회주의적인 요소도 존재하지 않는다."[39]

베아트 카펠러 (스위스 언론인)

국가의 주인에서 국가의 노예로 전락할 것이다

"새로운 시민운동단체 '조건 없는 기본소득을 위하여'는 우리 모두
에게 멋진 삶을 약속한다. 새벽 4시에 힘들게 일어나 빵을 구울 필요
가 없다. 하루 종일 누군가 구워 놓은 빵을 먹기만 하면 된다. […] 하
지만 그것은 해방과 자유가 아니다. 국가에 사육되는 것이나 매한가지
이다. 모든 국민이 연금생활자 집단으로 전락할 것이고, 국가의 주인
에서 국가의 노예가 될 것이다. 이런 말도 안 되는 재분배시스템을 유

지하기 위해 어떤 사람은 알지도 못하는 누군가의 생계비를 지불하라는 강요를 받게 될 것이다. [···] 아마도 세계의 수많은 사람들은 스위스를 두고 게으름뱅이의 천국이라고 칭송을 아끼지 않을 것이다. 조건 없는 기본소득과 함께 [···] 우리는 짧은 시일 안에 모두 똑같아질 것이다. 모두가 똑같이 가난하게 말이다."[40]

크리스토프 뫼르겔리 (스위스 인민당 소속 정치인)

사람이 살아가는 기본적인 상황은 바뀌지 않는다

"다달이 받는 월급은 돈 그 이상의 의미를 지닌다. 일자리를 잃은 사람은 전에 자신이 받던 월급이 성과를 이루어낸 자신에 대한 인정의 표현이었음을 뼈저리게 깨닫고는 한다. 노동은 소일거리가 아니다. 거의 모든 사람들이 더 많은 여가를 원한다. 하지만 지나친 여가활동은 많은 문제를 일으키기도 한다. 어떤 사람들은 2주 동안 휴가를 보낸 뒤에 정신적인 공황 상태에 빠지기도 한다. 사람들은 노동을 하면서 그것의 결과물인 임금을 받으며 살아가는 자신을 불쌍하게 여긴다. [···] 하지만 우리는 어쩔 수 없이 노동사회 속에서 살아갈 수밖에 없다. [···] 사람이 살아가는 이런 기본적인 상황을 기본소득의 보장으로 바꿀 수 있다고 생각한다면 이만저만한 착각이 아닐 수 없다."[41]

파트릭 포이츠 (스위스 언론인)

중력 해체

"어느 시민운동단체는 '일할 수 있는 사람이 일할 수 없는 사람들을 돕는다'는 원칙을 '일하고 싶어하는 사람이 일하고 싶어하지 않는 사람을 돕는다'라는 것으로 바꾸려 하고 있다. [⋯] 기본소득이 지급되는 상황이라면 생계를 유지하기 위한 노동이 그다지 매력적으로 여겨지지 않는 것은 특별히 게으른 사람한테만 해당되는 일이 아니게 될 것이다. [⋯] 기본소득을 위한 시민운동단체는 [⋯] 중력을 해체시키려는 단체나 마찬가지이다."[42]

한수엘리 쇠흘리 (스위스 언론인)

시스템은 붕괴될 것이다

"사람들은 더 이상 일을 해야 한다는 자극을 받지 않는다. 아이들도 학교에 가서 공부하는 것이 무의미하게 느껴진다. 가만히 있어도 국가가 생활비를 지급해 주기 때문이다. 하지만 빵을 나누어 먹으려면 먼저 빵을 구워야 한다. 아무리 커다란 빵도 먹다 보면 언젠가는 한 조각도 남지 않고 없어지게 마련이다. 우리 사회의 시스템도 그렇게 붕괴될 것이다. 그렇지만 기본소득에도 장점이 전혀 없는 것은 아니다. 최소한 복잡하기 그지없는 지금의 복지체계가 간단명료해지기는 할 것이다."[43]

다니엘 칼트 (스위스 경제학자)

돈은 그냥 찍어낼 수 있는 것이 아니다

"일을 하지 않으면 소득에 대한 권리도 없다. 그렇지 않다면 소득을 얻기 위해 노력하는 사람들이 불이익을 당할 것이다. [···] 우리가 일을 하고 임금으로 받는 돈은 그냥 인쇄소에서 찍어낸 것이 아니다. 그것은 우리가 노동을 통해 만들어낸 부가가치이다. [···] 조건 없는 기본소득은 나 아닌 다른 사람이 나를 위해 부가가치를 생산한다는 것을 전제로 한다. 하지만 만약 그렇게 된다면 도대체 어느 누가 일을 하려고 하겠는가?"[44]

다니엘라 슈네베르거 (스위스 자유민주당 소속 정치인)

복지병 증상

"지금 우리 앞에 놓인 이 제안은 문제에 대한 해결책이라기보다는 복지병의 증상 바로 그 자체다. 그것은 단 하나의 문제도 해결하지 못할 것이며, 오히려 더 많은 문제들을 만들어낼 것이다. [···] 국민투표에 부쳐질 조건 없는 기본소득은 국민경제를 건 무책임하고 위험하기 짝이 없는 도박이다. 무엇보다 우려스러운 것은 중요한 가치들을 잃어버리게 될 것이라는 점이다. [···] 자유의 짝은 책임이다. 책임을 내팽개치는 사람은 자유도 포기해야 한다. 우리 사회의 발전은 성실하고 자주적인 시민들의 책임감으로 이루어지는 것이지, 품위가 뭔지도 모른 채 남에게 빌붙어 살아가는 게으름뱅이들에 의해 이루어지는 것이 아니다."[45]

만프레트 뢰시 (스위스 경제평론가)

기존의 시스템이 온존될 것이다

"나는 조건 없는 기본소득이 시행되면 우리 사회의 일부분이 노동의 권리로부터 떨어져나갈 것이라고 생각한다. [⋯] 이것이 그들의 해방을 의미하지는 않는다. [⋯] 우리는 생계를 위한 노동이 새롭게 정의될 수 있도록 노력해 왔으며, 가족을 돌보는 일과 같은 기존의 무보수 노동들도 정당한 대가를 받을 수 있도록 힘을 기울여 왔다. [⋯] 기본소득은 이런 노력들을 물거품으로 만들어서 오히려 기존의 시스템을 더욱 단단히 고정시킨다. 우리가 온 힘을 기울이며 맞서 싸워왔던 사회적 차별들이 변함없이 온존될 뿐이다."[46]

코라도 파르디니 (스위스 사회민주당 소속 정치인)

실패자들을 위한 침묵수당

"일할 수 없는 사람과 일하기 싫은 사람을 [⋯] 구별해내려는 노력은 대부분 그리 큰 성과를 거두지 못한다. 이런 노력은 [⋯] 현대 국가의 입장에서 보자면 기업 파산의 절차를 관리하는 것과 크게 다르지 않다. 이런 관점에서 보자면 조건 없는 기본소득은 노동시장에서 실패한 사람들을 위한 '특별수당' 정도로 볼 수 있을 것 같다. 일하기를 원하는 모든 사람들이 일할 수 있는 사회적 여건을 만들지 못하는 국가가 일자리가 없어서 생존을 위한 정치투쟁에 나설 수도 있는 사람들에게 [⋯] 큰 불만을 품지 말고 조용히 지내라고 다달이 2500프랑을 지급하는 것이나 마찬가지이다. 그렇게 하면 국가로서는 적어도 일할 수 없는 사람과 일하기 싫은 사람을 구별해내려고 노력하는 것보다는 더 큰 성과를 거둘 수 있을 것이다."[47]

루카스 륄리 (스위스 경제학자)

게으름뱅이 천국의 유혹

"기본소득이라는 발상이 지닌 매력은 한마디로 게으름뱅이의 천국이 지닌 매력이다. 조건이 없다는 말은 아무런 노력을 하지 않아도 기본소득이 지급된다는 뜻이다. [···] 조건 없는 기본소득은 게으름뱅이의 친국이 사람들을 자유롭게 하며, 사람들이 자신의 창조성을 마음껏 발휘할 수 있게 만든다고 유혹한다. 하지만 결과는 정반대가 될 것이다. 게으름뱅이의 천국은 사람들의 상상력과 창조성을 질식시킬 것이며, 사람들의 자기 계발과 인류의 진보를 정지시킬 것이다."[48]

라이너 항크 (독일 언론인)

기생자들에 의해 증가하는 사회적 위험

"공정성과 상호성의 입장에서 보더라도 이른바 '시민임금'에 대해서는 이의를 제기할 수밖에 없다. 사회에 기여하는 것도 없이 단지 시민이라는 이유만으로 소득이 보장되어서는 안 된다. 시민임금과 노동임금의 격차가 줄어드는 곳에서는 빌붙어 먹고사는 기생자들에 의한 사회적 위험이 커지게 마련이다. 한 사람이 직업을 가지려고 노력하는 그 자체가 이미 그 자신에게나 사회에게나 큰 의미를 지닌다. 적절한 시기에 직업 활동에 참여할 수 있도록 직업 수행 능력을 배양하는 과정이 곧 자기 계발의 과정이다. 그리고 구성원들의 그러한 자발적인 노력이 있어야 사회는 비로소 활력을 얻을 수 있다."[49]

오트프리트 회페 (독일 철학자)

출산이 돈벌이의 수단이 될 것이다

"많은 사람들은 자발적으로 일을 하며 살아간다. 하지만 그저 놀고 먹기만을 원하는 사람들도 있다. 나는 그런 사람들이 열심히 일하는 사람들과 똑같이 취급되는 사회에 살고 싶지는 않다. 다음과 같은 상황을 상상해 보자. 한 남자와 한 여자가 해먹에 누워 빈둥거리며 지낸다. 그들은 서로가 마음에 들어 함께 살기로 한다. 그들은 각자 800유로씩 기본소득을 받는다. 그들은 10명의 아이를 낳아 8000유로의 기본소득을 더 받아 다달이 9,600유로의 수입으로 흥청망청 살아간다. [...] 존재한다는 이유만으로 소득을 지급할 수는 없다. 그것은 정상이 아니다."[50]

틸로 자라친 (독일 사회민주당 소속 정치인)

기생하는 게으른 자들이 사회를 위협한다

"스스로를 책임질 능력이 없는 사람을 사회가 돌보아주는 것은 정의롭고 윤리적이다. 하지만 일을 하며 살아갈지 하지 않으며 살아갈지를 선택할 수 있게 하는 것, 게다가 어느 쪽을 선택하더라도 달라지는 것이 없게 하는 것은 정의롭지도 윤리적이지도 않다. 기본소득은 시민들을 자신과 자신의 삶에 대한 자부심을 내팽개친 기생하는 게으른 존재로 만들어버린다. 자유의 이름으로 자유가 파괴되고, 의존성이 커져서 자발성을 덮어버린다. 그렇게 우리 모두는 자신의 모든 것을 아무런 보상도 바라지 않고 아낌없이 내주는 현대의 '거룩한 어머니'인 국가에 예속된다."[51]

볼프강 케르스팅 (독일 철학자)

사회의 분열

"조건 없는 기본소득의 도입은 일자리와 관련된 여러 상황들을 급격히 변화시킨다. 그래서 오늘날 우리 사회에 이미 존재하고 있는, 직업 활동에 참여하고 있는 사람과 그렇지 않은 사람 사이의 문화적 분열을 심화시킨다. 조건 없는 기본소득의 도입은 일종의 항복 선언이다. 노동사회를 완성시키기 위한 전략 대신 노동사회로부터의 파국적이며 돌이킬 수 없는 중도하차를 선택하는 것이나 마찬가지이기 때문이다."[52]

율리안 니다뤼멜린 (독일의 철학자, 전 문화부 장관)

복지의 기본적인 원칙들의 폐기

"사회구성원 모두를 대상으로 하는 조건 없는 기본소득은 엄청난 규모의 자금이 조달되어야 하는 시스템이다. [⋯] 그것은 사회복지국가가 지금까지 유지해 오던 이른바 '필요의 원칙', 다시 말해서 도움이 필요한 사람들에게 도움을 주는 복지의 기본 원칙을 폐기하는 것을 뜻한다. 그리고 그것은 실업보험과 연금보험으로 나타나는 '기여와 보상'이라는 또 하나의 기본 원칙을 폐기하는 것을 뜻하기도 한다. 하지만 독일 연방정부가 당면한 목표는 바로 '필요의 원칙'과 '기여와 보상의 원칙'을 강화하는 것이다. 따라서 조건 없는 기본소득은 독일 연방정부가 시급히 다루어야 할 문제는 아니라고 본다."[53]

앙겔라 메르켈 (독일 총리)

자본을 위한 우선권

"조건 없는 기본소득은 직업 활동에 참여해 기업으로부터 임금을 받는 사람한테도 지급된다. 이렇게 하는 데 필요한 비용은 국가가 지불하는 것처럼 보이지만, 결국에는 부가가치를 생산하는 기업의 몫이다. 하지만 기업으로서도 자본을 늘려 성장을 이루어가야 한다. 바로 이러한 이중임금으로부터 위험이 생겨난다. 하지만 이것이 조건 없는 기본소득이 노동자들에게 큰 호응을 얻는 확실한 이유 가운데 하나이기도 하다."[54]

자라 바근크네히트 (독일 좌파당 소속 정치인)

인류 역사로부터의 이탈

"인류의 역사란 우리가 생존을 위해 노력해온 과정이자 방식이다. 나는 이와 같은 인류의 역사에서 벗어난 기본소득에 반대한다. 하늘에서 쏟아져 내리는 만나처럼 마냥 주어지는 소득은 있을 수 없다. 기본소득 그 자체가 기본소득의 유지를 불가능하게 한다. 기본소득이 시행되면 기본소득의 재원인 일하는 사람이 없어질 것이기 때문이다. 한마디로 말해 기본소득은 모순과 자기 기만의 극치이다."[55]

오스발트 메츠거 (독일 기독교민주연합 소속 정치인)

사회복지국가를 대신한 야전급식소

"이것은 모든 것을 끝없이 다르게 만들기를 원하는 개혁가들이 끊임없이 제시하는 아이디어들 가운데에서도 비교적 최신 히트상품에 해당한다. 그들이 말하는 시민급여란 국가가 국민 모두에게 기본적으로 지급하는 소득을 뜻한다. 사회복지국가 대신 야전급식소가 차려져 모두에게 국밥 한 그릇씩을 나누어주는 것이다. 시민급여는 누구에게나 똑같은 금액으로 지급된다. 누군가에게는 생계를 유지하기 위해 꼭 필요한 돈일 수 있지만, 풍족하기 이를 데 없는 또 다른 누군가에게는 하룻밤 술값에 지나지 않을 수도 있다. 가난한 사람이든 부유한 사람이든 시민급여 앞에서는 누구나 똑같다. 시민급여는 사회복지국가를 평등하게 만드는 기관차이다. '일하지 않는 자'에게도 시민급여라는 이름으로 지급되는 기본소득은 우리가 지금껏 정의와 연대에 관해 배

웠던 모든 원칙들을 파괴한다. 이제 머지않아 우리 모두는 똑같은 빗으로 머리를 빗게 될지도 모른다. 완전한 평등의 시대가 시작되는 것이다."[56]

노르베르트 블룀 (독일 기독교민주연합 소속 정치인)

기본소득은 노동 거부 문화를 확산시킨다

"어떤 주장이 보편타당한 신념들, 예컨대 임금은 그것에 상응하는 성과에 대해서만 지불되어야 한다는 보편타당하기 짝이 없는 신념에서 벗어난 것이라면 그것이 아무리 매혹적이라 할지라도 설득력을 지니지 못한다. 헬리콥터머니나 기본소득과 같은 일련의 보기 좋은 아이디어들은 무척 매혹적이다. 우리는 이런 아이디어들과 함께 뻐꾸기 둥지보다 더 높이 날아오른다. 하지만 그렇게 날아올라도 아무도 신경쓰지 않는다. 그런 아이디어를 진지하게 생각하는 사람은 없기 때문이다. 물론 하루하루를 힘겹게 살아가는 우리들로 하여금 잠시나마 즐거운 상상에 빠져들 수 있게 한다는 점에서 이런 황당무계한 주장도 백해무익하지만은 않다."[57]

하이너 플라스벡 (독일의 경제학자)

권력

모두가 스스로 결정한다면
어떻게 결정이 이루어질까

시민이 주도하는 길이 올바른 길이다

조건 없는 기본소득은 위로부터 오지 않는다. 국가권력에 의해 생겨날 수 있는 성질의 것이 아니기 때문이다. 그것은 하나의 기본권이다. 기본권은 시민들이 국가권력에 맞서 싸워서 획득하는 것이다. 기본권에 대한 공권력의 인정은 그것이 획득된 뒤에야 비로소 이루어진다.

이처럼 하나의 기본권이라는 점에서 기본소득은 권력의 문제이기도 하다. 기본소득은 개인의 손에 더 많은 권력을 쥐어 준다. 몇몇 개인을 말하는 것이 아니다. 기본소득이 권력을 쥐어 주는 개인이란 모든 개인을 뜻한다. 기본소득은 우리를 생존의 위협으로부터 자유롭게 해서 자신이 주권자임을 스스로 인식하며 살아갈 수 있게 한다.

하지만 오늘날 스위스를 제외한 대부분의 민주주의 국가들은 정도의 차이는 있지만 어쨌든 의회가 법률 제정에 관해 독점적인 권한을 가지고 있다. 이와 같은 사실은 기본소득을 보편화하는 데 상당히 부정적인 요인으로 작용한다. 조건 없는 기본소득은 본바탕부터 직접민주주의적인 것이기 때문이다.

기본소득은 정치인과 시민 사이의 왜곡된 관계를 바로잡는다. 시민은 정치인들에게 애걸복걸하는 사람들이 아니다. 정치인은 시민이 자신들의 뜻을 실행하기 위해 내세운 대리인일 뿐이다. 그러므로 재원을 마련하기 위한 더 효율적인 방안을 찾는 것과 같은 세부적인 사안은 정치인들이나 정당들의 보고서로 결정될 수도 있겠지만, 기본소득을 시행할지 말지를 결정하는 것은 사회구성원 전체의 몫이어야 한다. 조건 없는 기본소득이 시민들의 주도로 이루어져야만 하는 까닭이 바로 여기에 있다.

세계가 놀라움을 나타내고 있는 것도 바로 이러한 점과 연관되어 있다. 스위스에서는 기본소득을 시행하기 위한 시민운동이 한동안 벌어지더니 이제는 마침내 국민 모두가 직접 참가해서 기본소득을 시행할지 말지를 결정하는 국민투표를 실시한다. 지금까지의 이 모든 과정은 참으로 진지하고 유쾌하다. 이것이 바로 직접민주주의가 만들어내는 삶의 예술이다.

질문하지 않는 사람은 답을 찾지 못한다

조건 없는 기본소득의 시행을 결정하는 국민투표에서 정치인들이 하는 말은 그다지 결정적인 의미를 지니지 못한다. 정치권은 지금까지 기본소득 문제를 제대로 다루지 않았을 뿐 아니라, 이해조차도 제대로 하지 못하고 있기 때문이다. 이런 사실은 스위스 연방정부의 보고서와

〔하원인〕국민의회 산하의 관련 위원회 회의록에서도 잘 드러난다.[1] 위원회는 기본소득을 하나의 기괴한 발상, 부당한 요구, 천지도 구분 못하는 미숙함 정도로 치부했다. 위원회에 소속된 정치인들의 질문과 문제제기는 우파든 좌파든 기본소득에 대한 그들의 반대의견이 표명된 것이라기보다는 그들의 몰이해만 드러내고 있을 뿐이었다.

그렇지만 이런 사실을 꼭 나쁘게만 볼 필요는 없다. 오히려 기본소득이 이제까지 정치권이 제기해 왔던 도토리 키 재기 식의 뻔하디뻔한 제안들과는 근본적으로 다른 차원의 문제제기임을 증명해주고 있기 때문이다.

정당들은 기본소득에 대한 거부를 권장할 것이다. 그들은 재원 마련이 불가능하다거나, 어떤 결과가 빚어질지 예측할 수 없다거나, 일하려고 하는 사람들이 없어질 것이라는 근거들을 제시할 것이다. 기본소득이 반사회적이라거나 공산주의적이라는 지적, 심지어는 신자유주의적이라거나 반자유주의적이라는 극단적으로 상반된 지적들마저 난무할 것이다. 그리고 투표 장소에는 이런 현수막들이 내걸릴 것이다. "국고 낭비 결사 반대!", "먹기를 원하는 자는 일을 해야 한다!", "자유는 공짜로 주어지는 것이 아니다!", "스위스여, 사회에 기생하려는 자들을 거부하라!"

그러나 기본소득의 문제는 바로 나 자신의 문제이므로 정치적 참호전은 무의미하다. 기본소득이라는 자기 자신의 문제를 다른 사람의 주장에 따라 결정하는 것은 자신이 앞으로 어떤 일을 하며 어떻게 살고 싶은지 스스로에게 질문을 던지고 생각할 수 있는 기회를 내팽개쳐 버리는 것이나 마찬가지이다.

아마 사회학자들은 이런 질문을 던질 것이다. "더 이상 꼭 일을 하지 않아도 되면, 우리는 무엇을 할 것인가?" 경제학자들은 이런 질문을 던질 것이다. "다른 사람들이 나를 위해 일한다면, 나는 그들을 위해 무엇을 해야 하는가?" 시샘 많은 이웃이나 허무주의자들은 이렇게 반문해올지도 모른다. "소득이 보장되어 있다면, 도대체 누가 일하려고 할까?" 비관주의자들은 이렇게 질문할 것이다. "세상에 널린 수많은 더럽고 끔찍한 일들을 처리할 방법은 있는가?" 보수주의자들은 이렇게 말할 것이다. "사방에서 이민자들이 몰려들지 않을까?" 철학자들은 오래된 질문을 다시 꺼내들 것이다. "노동이란 도대체 무엇인가?" 교육자들도 질문을 던질 것이다. "아무리 조건 없는 기본소득이라지만, 최소한의 조건은 있어야 하는 것 아닌가?" 이렇게 조건 없는 기본소득은 우리 모두로 하여금 스스로에게 각자의 질문을 던지게 한다.

주권은 시민의 것이다

스위스의 시민들은 자신이 국가의 주권자라는 사실을 뚜렷하게 느끼며 살아간다. 사실 이 말은 결코 특별하거나 거창한 것이 아니다. 지극히 당연하고, 또 당연해야 할 말이다.

자신이 주권자라는 사실을 의식하고 있는 사람은 정치에 대해 더 구체적이고 객관적인 시각을 가진다. 그런 사람에게 정치인은 그가 고용한 사람이지 그를 고용한 사람이 아니다. 그는 시민운동을 통해 정치에 자극을 주기도 하고, 투표로 정치인들을 심판하기도 한다.

정치인들의 거들먹거림을 멈추게 하는 데는 이런 가능성만으로도 상당한 효과가 있다. 정치인들은 건축주가 아니라, 건축 현장에서 일하는 기술자들이다. 그들에게 주어지는 것은 권력이 아니라 책무이다. 바로 이런 사실 때문에 정치인들은 대의민주주의에서보다 직접민주주의에서 시민들과 매체로부터 조롱은 더 적게, 존경은 더 많이 받을 수 있게 된다. 이렇듯 직접민주주의 체제에서는 권력이 더 많이 나누어지고, 정치는 더 실무적인 역할을 담당하게 된다.

독일과 같은 간접민주주의 국가들과는 달리 스위스에서는 주민들이 직접 발의한 다양한 정책과 사안들을 놓고 국민투표가 실시된다. 민주주의는 일종의 문화의 문제이다. 결정은 사람들을 갈라놓지만, 투표는 통합한다. 투표는 유권자들을 하나의 유기체로 만들어준다. 투표는 갈라놓는 것이 아니라 통합하는 것이다. 투표를 통해 우리는 서로에게 적응해간다. 투표는 다른 사람들이 왜 나하고 다르게 생각하는지를 내게 가르쳐준다. 투표는 하나의 학습과정이다. 투표는 나로 하여금 더 많이 움직이고, 더 많이 이해하게 한다.

대부분의 간접민주주의 국가들에서와는 달리 스위스에서는 정치가 그다지 중요한 의미를 지니지 못한다. 스위스의 시민들은 4년마다 한 번씩 도토리 키 재기 식의 그렇고 그런 정당들과 정치인들의 손에 표를 쥐어주는 것만으로 사회참여를 실천했다고 생각하지 않는다. 함께 논의하고 함께 만들어갈 수 있는 가능성은 내게 활력을 불어넣어준다. 정치인도 아닌데 내가 무엇을 할 수 있겠느냐고 말하는 사람은 없다. 직접민주주의는 내가 무엇을 원하는지를 나 자신에게 직접 묻는다. 그리고 투표를 통해 내 뜻을 굴절 없이 직접 작동시킬 수 있다.

나는 나 자신이 주권자임을 똑똑히 느낄 수 있다. 최종결정권이 나한테 있기 때문이다. 나는 정치인들을 향해 바람을 보내는 사람이고,

정치인들은 내가 보낸 바람의 방향을 파악해서 돛단배를 모는 뱃사람이다. 그렇지만 독일과 같은 간접민주주의 국가의 정치인들은 돛을 내리고 모터를 달아 자신이 원하는 대로 배를 몬다. 심지어 어떤 이들은 잠수함을 몰기도 한다. 그런 사람들이 어떻게 내가 보낸 바람의 방향을 알 수 있겠는가?

경제학자인 브루노 프라이가 스위스의 주들을 대상으로 실시한 정치참여에 관한 조사에 따르면, 주권이 선거권 정도로 여겨지는 곳보다 시민들이 직접 논의하고 참여해 만들어가는 곳에서 사람들이 훨씬 행복감을 더 많이 느끼고 있는 것으로 밝혀졌다. 그것만이 아니다. 프라이의 조사에 따르면 "한 나라의 국민경제가 안정되어 있을수록 시민운동과 주민발의 등의 방법으로 시민들이 직접 정치에 참여할 가능성도 더 커진다."[2]

프라이는 그러한 조사 결과에 이러한 분석을 덧붙이고 있다. "주민들이 정치에 직접 참여하는 직접민주주의 국가는 간접민주주의 국가에 비해 두드러지게 많은 경제적 이익을 창출한다. 더 적은 비용으로 공적 업무들이 수행되면서 주민들에게 부과되는 세금이 줄어든다. 정당들의 소모적인 논쟁과 관료주의에서 벗어나면서 국가도 효율적으로 변화한다. 그리고 이 모든 것들이 경제적 활동성으로 이어진다."

조건 없는 기본소득은 민주주의를 한 단계 더 높은 차원으로 발전시킨다. 조건 없는 기본소득은 구성원 모두가 자신이 원하는 것을 자유롭게 결정할 수 있는 사회로 나아갈 수 있는 길을 닦아 준다. 그것은 더 나은 사회로 가는 길이다. 내가 무엇을 위해 가지고 있는 모든 힘을 다 쏟아붓기를 원하고 있는지, 스스로의 삶을 어떻게 만들어가고 싶은지, 이 모든 것들을 누구보다 잘 알고 있는 것은 바로 나 자신이기 때문이다. 스위스의 정치인이자 정치학자인 안드레아스 그로스의 생각도 그리 다르지 않다. "기본소득의 도입은 민주주의를 민주화하는 데 근본적으로 기여할 것이다"[3]

규제와 자율

조건 없는 기본소득은 오늘날 국가에 의해 조정되고 있는 많은 것들을 시민들 자신이 자유롭게 결정할 수 있게 해준다. 생활기반이 안정되면 더 이상 조정되거나 제한받을 필요가 없는 것들이 대부분이기 때문이다.

기본소득은 노동시간을 인위적으로 규정할 필요 없이 각자가 자신의 필요에 따라 스스로 결정할 수 있는 기초가 될 것이다. 기본소득이 보장되는 사회에서는 노동이 해야 하기 때문에 하는 것이 아니라, 하고 싶을 때 하는 것이기 때문이다. 이렇게 해서 노동은 생존을 위해 어쩔 수 없이 의무처럼 해야 하는 것이 아니라, 자신과 사회를 위해 능동적으로 기여하는 행위가 된다.

기본소득은 최저임금제를 필요로 하지 않는다. 최저임금은 기본소득이 보장되지 않을 때에나 필요한 것이다. 노동이 우리를 억압해서 노동에 최소한의 대가라도 지불되어야 하는 곳에서는 최저임금이 필요하다. 곧 최저임금은 비유컨대 잘못된 길 위를 올바른 걸음으로 걸어가는 것이나 마찬가지이다. 최저임금은 임금노동에 대해 최소한의 대가를 보장한다. 하지만 최저임금은 노동의 의미를 임금노동으로만 제한한다. 그래서 결코 적지 않은 가치를 지닌 수많은 다른 노동들을 임금이 주어지지 않는다는 이유만으로 가치 없는 것으로 다루어지게 놓아둔다. 그나마 2014년에 실시된 최저임금제 시행에 관한 스위스 국민투표도 전체 투표자의 23퍼센트만 찬성해서 모든 주들에서 부결되었다.[4] 일자리가 줄어들 수 있다는 불안감 때문이었다.

'1:12 요구 시민운동'이라는 단체가 주도해서 2013년에는 임금 격차를 최고 12배 이내로 제한하자는 최고임금제에 관한 국민투표가 실시되었다. 하지만 이 제안도 전체 투표자의 35퍼센트만 찬성해서 부결되었다.[5] 이것도 논의 과정에서 드러난 일자리 감소에 대한 우려가 직접적인 원인이 되어 나타난 결과였다. 이러한 이른바 전문경영인에게 지급되는 지나친 고임금 문제에 대해서도 기본소득은 다른 방식으로 접근한다. 기본소득은 우리들로 하여금 기업이 전문경영인에게 지나친 고임금을 지급하는 것에 관해 관심을 기울이지 않아도 되는 자유를 가져다주기 때문이다.

기본소득은 시민들이 스스로 많은 문제들을 결정할 수 있게 해서 소모적이고 지루하게 이어지는 정치적 논쟁들을 종식시킨다. 만약 어떤 뭔가에 관해 다른 사람들의 동의를 얻기를 원하는 누군가가 있다면, 그는 그 무엇이 우리 모두에게 의미 있는 것이라는 사실만 확인시켜 주면 된다. 그것에 성공한다면 그는 다른 사람들의 동의를 얻을 수 있을 것이다. 그렇지 않고 자신이 스스로 의미 있다고 여기지도 않는 것에 관해 다른 사람의 동의를 얻기를 원하는 누군가가 있다면, 그는 뜻을 이룰 수 없을 것이다.

최저임금에 관한 시민운동도, 최고임금에 관한 시민운동도 모두 일자리의 감소라는 장벽에 부닥쳤다. 그러나 기본소득은 우리에게서 의미 없는 노동은 떨어져 나가게 하고, 소득은 안전하게 보장한다. 아울러 기본소득은 개인이 더 이상 구조적인 조정의 대상이 되지 않게 해준다. 기본소득이 시행되면 누구나 자신이 원하는 것을 스스로 조정할 수 있게 되므로, 강압적인 조정은 쓸모가 없어질 것이다.

스위스, 독일, 미국에서의 기본소득

전 세계의 많은 나라들에서 조건 없는 기본소득에 관한 논의가 이루어지고 있다. 하지만 논의되고 있는 내용들을 살펴보면 나라마다 조금씩 차이가 있다.

스위스에서 이루어지고 있는 논의를 살펴보면, 우선 그것은 궁핍의 문제와는 별로 관련이 없다. 기본소득은 빈곤을 극복하기 위한 절실한 수단으로 제안된 것도 아니고, 경제를 살리기 위한 시급한 대책으로 제안된 것도 아니다. 곧 스위스에서 기본소득은 어떤 문제를 해결하기 위한 것이 아니라, 혁신하기 위한 것으로서 제안되었다. 그리고 그것은 아직 차이가 있는 여러 의견들이 뒤섞여 있는 하나의 제안에 지나지 않는다. 그렇지만 어쨌거나 이렇게 논의되고 있다는 사실은 논의를 거쳐 다수의 시민들이 원하기만 한다면 기본소득이 시행될 수도 있음을 뜻한다.

그러나 여전히 적지 않은 사람들이 기본소득을 허황되기 짝이 없는 생각으로 여기고 있다. 인간은 자신을 스스로 책임질 수 있어야 한다는 원칙에서 인간의 존재 가치와 품위를 찾아내는 사람들은 기본소득을 인간 존엄성에 대한 일종의 모독으로 받아들인다. 그들에게 기본소득은 우리가 발을 딛고 살아가는 땅 위에다 하늘에나 있을 법한 낙원을 건설하겠다는 얼빠진 망상과 그리 다르지 않은 것처럼 보일 뿐이다. 그들이 보기에 기본소득은 스스로를 책임질 능력이 없는 사람에게만 도움을 준다는 사회계약의 준칙을 깨트리려는 노골적이고 위험한 사회적 위협이다. 기본소득이 시행되면 생존을 유지하기 위한 임금노동이라는 경제의 기본적인 밑바탕이 무너져 내릴 것이라고 걱정하는 사람들도 있다. 모두가 시장이라는 보이지 않는 손이 필요하다고 알려주는 일이 아니라 자기가 원하는 일을 하게 될 것이므로 경제의 붕괴는 불 보듯 뻔한 일이라고 걱정하는 사람도 있다. 자유주의자들은 기본소득이 사회주의의 유령이거나, 아니면 국가가 개인을 종속시키기 위해 우리의 주머니에 찔러주는 음흉한 돈일 뿐이라고 목소리를 높인다. 좌파는 힘겹게 싸워서 어렵게 획득해낸 사회복지가 기본소득 때문에 퇴보하게 될 것이라고 그들 나름의 걱정을 나타낸다. 그들은 기본소득을 산이란 산은 모두 민둥산으로 만들어버리는 신자유주의적 벌목행위나 마찬가지라고 표현하며, 우리가 외쳐야 할 것은 기본소득이 아니라 복지의 확대여야 한다고 주장한다.

공포와 희망을 먹잇감으로 삼고 있는 이런 종류의 윤리적 논쟁은 독일에서도 과격한 양상을 띠고 벌어진 적이 있었다. 독일에서는 10년 전 노동시장 개혁방안인 하르츠 IV*를 시행하면서 기본권을 비웃기라

---

* 하르츠 개혁(Hartz Reforms) : 독일에서 4단계에 거쳐 시행한 노동시장 개혁 방안이다. 2003년 1월부터 시행된 하르츠 I은 임시직 고용을 확대하기 위한 규제 완화와 실업자 등록 의무화 등의 내용으로 이루어져 있다. 마찬가지로 2003년에 시행된 하르츠 II는 자영업자에 대한 규제를 완화해 생계형 창업을 지원하고, 소규모 소득의 일자리를 사회보장체계에 통합해 노동 형태의 유연화를 지원했다. 2004년 1월부터 시행된 하르츠 III는 실업자들을 효율적으로 관리하기 위

도 하듯 사회복지법과 형법의 세속적인 동맹이 추진되었다. 이 개혁안의 도입은 기존의 실업급여 수령자들과 상시적으로 실업의 위험에 노출되어 있는 사람들의 격렬한 반대에 부닥쳤다. 하지만 독일을 게으름뱅이의 천국으로 생각하는 사람들은 그들의 눈앞에서 복지병이 효과적으로 제거될 것이라는 기대와 함께 하르츠 IV에 열렬한 지지를 보냈다.

이와 같은 상황은 독일에서 기본소득에 관한 논의가 제대로 시작도 하기 전에 막혀버리는 결과로 이어졌다. 기본소득이 도입되면 아무도 일하려 하지 않을 것이며, 재원을 마련하는 것도 근본적으로 가능하지 않을 것이라는 두 가지 선입견도 그런 결과를 낳는 데 일조했음은 물론이다. 하지만 〔일자리 알선을 거부할 경우 급여를 삭감하도록 한〕 하르츠 IV는 실질적으로 노동에 대한 강요나 마찬가지이며, 기본권에 대한 명백한 침해이다. 이런 점에 비추어 보면 그러한 퇴행적 상황 속에서 조건 없는 기본소득이 하나의 기본권으로서 어떤 역할을 할 수 있을지에 대한 논의가 시급하게 시작될 필요가 있어 보인다. 비록 그것이 낙타가 바늘구멍을 통과하는 것만큼이나 어려울 것이 불 보듯 뻔하다고 할지라도 말이다.

독일에서는 그다지 문제가 되지 않는 빈곤계층의 문제가 미국에서는 결코 작지 않은 문제임이 분명하다. 그렇지만 미국에서도 기본소득은 주로 빈곤계층 문제에 대한 방안으로서가 아니라, 스위스와 마찬가

해 연방 노동청을 고용사무소로 개편하고, 실업급여의 수급 요건을 강화했다. 그리고 2005년 1월부터 시행된 하르츠 IV는 장기실업자에게 재산 정도를 반영해 실업급여를 지급하고, 적법한 일자리 알선을 거부할 경우 급여를 삭감하게 했다. 이처럼 하르츠 개혁은 단기직과 시간제 근무 도입 등 노동시장의 유연화를 핵심으로 하므로 저임금 단시간 노동을 크게 증가시켰다.

지로 하나의 혁신안으로 다루어지고 있다. 기본소득과 관련된 스위스의 시민운동에 대한 미국 매체들의 반응 때문인 것으로 보인다. 대다수의 미국인들은 자기가 열심히 노력하기만 하면 반드시 아메리칸 드림을 이룰 수 있다는 사실을 조금도 의심치 않고 믿는다. 그리고 미국인들의 이런 특징으로부터 기본소득이 시행되면 아무도 일하려 하지 않을 것이라는 두려움은 어느 정도 쓸모없는 것이 되어버린다. 미국인들은 자신들이 꿈과 함께 살아가고 있으므로 기본소득이 시행되더라도 꿈을 이루기 위해 하던 일을 계속해서 해갈 것이라고 생각하기 때문이다.

그런데 미국에서는 기본소득이 대체로 자유주의 전통과 같은 맥락에서 해석되는 경향이 있다. 미국의 자유주의자들은 복지 정책이 관료주의를 강화하고 있다고 생각한다. 그래서 그들은 기본소득이 효율적인 작은 정부를 이루는 데 크게 기여할 것이라고 기대한다. 기본소득이 주민들의 자유와 자율을 확대하고, 불필요한 불신과 과도한 절차들을 제거해 관료주의를 약화시킬 것이기 때문이다. 나아가 그들은 기본소득이 일자리 감소와 그에 따른 소득의 상실이라는 문제가 이제 곧 현실로 나타나도 실리콘밸리에서 만들어진 제품에 대한 구매력이 유지될 수 있게 해줄 것이라고 기대한다. 그래서인지 실리콘밸리의 정보통신기술 업체들 가운데에는 기본소득의 도입을 불가피한 일로 바라보고 있는 곳들이 많다.

이처럼 스위스에서는 기본소득에 관한 논의가 진지하고 활발히 이루어지고 있지만, 독일에서는 여전히 국민적 논의로까지 발전하지 못하고 있다. 기본권을 억누르는 하르츠 IV 유령이 독일의 길거리에서 활보하고 있기 때문이다. 미국에서는 기본소득이 대체로 개인의 자유와 자율의 확대에 관한 자유주의자들의 약속 정도로 여겨진다. 사회복지체계가 잘 발달해 있는 독일과는 달리 국가의 경제력에 걸맞은 복지체계를 갖추지 못하고 있는 미국에서는 빈곤계층의 문제를 해결하기 위한 방안으로서 기본소득을 바라보는 시각도 존재한다. 하지만 사회적 빈곤의 문제를 해결하기 위해 전력을 다해온 독일과는 달리 미국에서는 빈곤을 하나의 자연스러운 사회현상으로 보는 시각이 지배적이다. 그래서 빈곤 문제에 대해 구조적인 접근보다는 실용적인 접근을 선호하는 경향이 강하게 나타나는데, 이런 특징은 미국에서 기본소득에 관한 논의가 확산되는 데 큰 걸림돌로 작용하고 있다.

정치인들의 조건 없는 기본소득

다른 사람들은 몰라도 정치인들이 조건 없는 기본소득에 대해 반대하는 것은 그다지 온당한 처사로 보이지는 않는다. 정치인들이야말로 조건 없는 기본소득을 이미 보장받고 있는 사람들이기 때문이다. 그들은 자신들에게 주어진 과제를 수행하기 위해 다달이 정해진 액수의 세비를 지급받는다. 그들에게 이렇게 주어진 과제에 관한 성과를 내기도 전에 다달이 꼬박꼬박 세비를 미리 지급하는 것은 그들이 과제를 수행해가는 과정에서 자율적으로 결정을 내릴 수 있게끔 보장하기 위해서이다. 이런 정치인들이 조건 없는 기본소득을 도입하자는 데 찬성하지 못할 이유가 도대체 뭐란 말인가?

권한의 위임은 대의민주주의를 지탱하는 밑바탕이다. 의원들은 의회에서 실시되는 모든 투표에서 자신들이 원하는 대로 표를 던질 수 있다. 그에게 강요하는 사람은 아무도 없다. 세비를 줄이겠다고 위협하는 사람도 없다. 말하자면 의원의 세비는 그가 성과를 이루었기 때문에 지급되는 것이 아니라, 그가 앞으로 성과를 거둘 수 있기 때문에 지급되는 것이다. 그가 성실하게 일하든 게으름을 피우든, 어떤 사안에 대해 찬성하든 반대하든 세비는 지급된다. 성과에 따라 지급하는 것보다는 성과를 거둘 것이라는 믿음과 함께 세비를 미리 지급하는 것이 도덕적 수준이 높은 방식임은 확실하다. 우리가 그들에게 기대하고 있는 것이 무엇인지는 선거로 결정된다. 돈이 아니다.

기본소득이 우리의 삶에 어떤 영향을 끼칠지를 정치인들보다 잘 알 수 있는 사람은 없다. 지금 이미 조건 없는 기본소득을 지급받고 있는 사람들이 바로 그들이기 때문이다. 물론 더 폭넓은 의미로 보면 오늘날 조건 없는 기본소득이라는 구상이 정치인들한테만 적용되고 있는 것은 아니다. 제작비를 선금으로 미리 받고 일을 맡는 수공업자나 기술자, 정부로부터 다달이 양육비를 지원받아 아이를 키우는 한부모 가정, 실업급여를 받으면서 일자리를 찾는 실업자, 협상을 통해 연봉을 보장받고 영입된 전문경영인 등도 그에 해당한다고 볼 수 있다.

그런데 왜 유독 정치인들만 조건 없는 기본소득을 그토록 받아들이기 어려워하는 것일까? 더 나은 방안이 있기 때문인가? 아니면 그들이 보기에 시민들은 자신의 삶에 대한 결정권을 스스로 가질 수 있을 만큼 믿음직스러운 존재가 아니기 때문인가? 혹시 그들이 만들어 놓은 모델에 대한 도전이라고 생각하기 때문인가? 이도 저도 아니면 그들도 주민들에게 약속했던 것들을 성공적으로 수행했을 때에만, 아울러 수행한 만큼만 그에 걸맞은 대가를 받기 원하기 때문인가?

정치인들이 조건 없는 기본소득에 호응하지 않는 이유는 다양하다. 하지만 무엇보다 중요한 이유는 바로 우리 자신이다. 조건 없는 기본소득은 많이 알고 있다고 우쭐대는 정치인들이 결정할 문제가 아니다. 어떤 정치인이 선거에서 당선되었다면 원칙적으로 그것은 그가 제시한 전망에 우리가 동의했기 때문이 아니다. 구성원 다수가 원하는 것을 그가 수행하겠다고 약속했기 때문이다. 앞에서 정치인에 대해 우리가 보낸 바람의 방향을 파악해서 돛단배의 모는 뱃사람이라고 했던 것도 바로 이 때문이다. 바람의 방향이 바뀌면 그가 모는 배의 방향도 달라진다. 그는 유권자들이, 다시 말해서 우리가 기본소득에 대해 얼마나 관심을 가지고 호응하는지를 지켜본다. 그리고 그가 보기에 우리가 그것에 관심을 보이거나 호응을 하지 않는다고 판단되면, 그는 조건 없는 기본소득을 하나의 합리적이지 못한 발상으로 규정해버릴 것이다.

민주사회에서 시민운동은 국가의 통치수단과는 전혀 다른 성격을 지닌다. 시민운동은 시민들이 원하는 것을 이루어내기 위한 활동이다. 정치인들은 시민들이 원할 때에야 비로소 원한다. 하지만 우리는 늘 거꾸로 생각한다. 그러나 아무도 관심을 보이지 않는 공약으로 선거에서 당선되는 정치인은 없다. 오히려 성공한 정치인은 언제나 유권자들이 무엇에 관심을 가지고 무엇을 원하는지를 파악해서 그것에 자신의 힘을 쏟아 붓는다.

그러므로 정치인들의 말이 우리가 결정을 내리는 기준이 될 필요는 없다. 당선되기를 원한다면, 우리가 원하는 것을 그들도 원할 것이다. 정치인은 우리가 뭔가를 절실하게 원하기 전에는 그것을 위해 움직이지 않는다. 게으름처럼 보이는 이런 현상은 어떤 생각이 이념으로 변질되는 것을 막기 위한 민주주의의 장치 가운데 하나이기도 하다. 갑자기 나타나 급격하게 대중에게 확산되는 생각은 이념으로 변질될 가능성이 높다. 따라서 원칙적으로 조건 없는 기본소득은 사회구성원 다수가 그것이 도입되는 것을 당연한 일로 생각할 정도로 폭넓은 이해와 호응을 보일 때가 되어서야 비로소 시행될 수 있을 것이다. 그리고 그렇게 시행되어야 마땅하다. 그때가 되면 조건 없는 기본소득에 대해 해괴망측한 발상이라고 질타의 목소리를 높이던 정당과 정치인들의 태도도 달라질 것이다. 오히려 그들이 먼저 기본소득의 다양한 모델을 만들어서 제안하게 될지도 모른다. 이렇게 기본소득의 세부적인 내용을 둘러싼 정치적인 논의는 우리 자신이 그에 관해 명확한 이해와 입장을 가지고 있으며, 이를 바탕으로 사회의 구성원 가운데 대다수가 그것의 시행을 원하게 될 때에야 비로소 시작될 것이다.

전체는 하나를 위하여, 하나는 전체를 위하여

1844년 프랑스에서 출간된 알렉상드르 뒤마의 소설에서 그 소설의 제목이기도 한 삼총사는 이런 신조를 내세우며 악당과 맞서 싸운다. "전체는 하나를 위하여, 하나는 전체를 위하여!" 오늘날 스위스연방공화국의 비공식 강령이기도 한 삼총사의 이러한 신조는 개인의 자유를 보장하는 공동체와 그 속에서 살아가는 자유로운 개인을 표현하고 있다. 자유로운 사람만이 공동체를 위해 온전히 헌신할 수 있으며, 개인의 자유를 보장하는 공동체만이 온전한 연대를 이루어낼 수 있다. 이와 관련해 스위스의 철학자 슈테판 브로트벡은 이렇게 말한다. "단지 나만이 나를 자유롭게 할 수 있다. (누구도 내게서 자유로울 수 있는 권리를 빼앗아갈 수는 없다.) 그렇지만 오직 나만 자유로운 세상은 존재하지 않는다. 결국 자유로워지기의 드라마는 하나의 사회적인 드라마일 수밖에 없다."[6]

　"하나는 전체를 위하여!" 누군가는 이 말에서 자신을 다른 사람들과는 달리 아주 중요한 사람이라고 생각하는 어떤 사람의 영웅주의나 독선, 자만심을 느낄지도 모르겠다. 아니면 그런 느낌과는 정반대로 자신을 충분히 중요하게 생각하지 않는 어떤 사람의 적절치 못한 헌신 같은 것을 느낄 수도 있겠다. 하지만 분업과 외부공급의 시대를 살아가고 있는 우리들에게 이 말은 삶의 공식이나 마찬가지이다. 나는 다른 사람들을 위해 일한다. 내 노동의 결과는 나 자신을 위한 것이 아니라, 다른 사람들을 위한 것이다. 그리고 이런 성격을 지니는 노동이 자발성과 자율성 위에서 이루어지면 엄청난 힘이 발휘된다.

　"전체는 하나를 위하여!" 이것도 그렇게 적절한 말처럼 보이지만은 않는다. 가부장적인 질서에 따라 역할이 규정되는 권위주의적인 공동체가 떠오르기도 하고, 모든 구성원들로 하여금 하나의 우상이나 권력을 섬기기를 강요하는 전체주의적인 공동체가 떠오르기도 한다. 하지만 사실 이 말은 우리들이 모두 나 아닌 다른 사람들의 노동의 결과물로 살아가고 있다는 사실을 일깨워주기 위한 것이다. 오늘날에는 어느 누구도 자급자족의 방식으로 살아가지는 않는다. 모두들 공동체가 만들어낸 결과물들로 생활을 꾸려가고 있다. 인간은 공동체를 이루어 살아감으로써 자연의 굴레에서 벗어날 수 있었다. 이러한 사실에서도 알 수 있듯이 공동체는 개인의 해방과 밀접한 연관을 지니고 있다. 그 옛날의 개인에게 자연에 맞서 스스로 생존할 수 있는 능력이 중요했다면, 오늘날의 개인에게는 사회의 다른 구성원들과 조화를 이루면서도 자유롭고 자율적으로 살아갈 수 있는 기반이 중요하다. 현대사회에서는 개인의 독립적인 개체성이 나의 문제를 해결하기 위한 나의 개인적인 행위 속에 존재하지 않는다. 다른 사람을 위한 나의 개인적인 행위 속에 존재한다.

"하나는 전체를 위하여, 전체는 하나를 위하여!" 구조적으로 볼 때 이 말의 실질적인 의미는 다음과 같다. "모두는 모두를 위하여!"

조건 없는 기본소득은, 나는 다른 사람들에 의해 존재함과 동시에 다른 사람들을 위해 존재한다는 바로 이러한 현대 사회의 삶이 지닌 관계의 연결망을 근거로 한다. 이것은 '삼총사 사회'의 기반이기도 하다. 그들은 자발적으로 연대를 이루어 악당과 맞서 싸웠다. 조건 없는 기본소득은 공동체로 하여금 자유와 자율을 개인에게 위임하게 한다. 그래서 개인들이 최선을 다해 공동체에 기여할 수 있는 기반을 마련해준다. 이것이 바로 스위스연방이 국가의 강령으로 삼고 있는 라틴어 문장이 지닌 현대적 의미이다. "하나는 전체를 위하여, 전체는 하나를 위하여*(Unus pro omnibus, omnes pro uno)*."

조건 없음을 위한 조건들

조건 없는 기본소득에도 당연히 조건은 따르게 될 것이다. 하지만 이것이 모순됨을 뜻하지는 않는다. 조건 없는 기본소득의 '조건 없음'

이란 사회복지제도의 지원을 받기 위해 필요했던 기존의 조건들과는 무관하게 기본소득이 지급된다는 뜻이기 때문이다.

아이들에도 지급되는가? 연금수령자들의 경우에 기존 연금은 어떻게 되는 것인가? 이민자들에게도 지급되는가? 누가 어떤 형태로 얼마를 받을 것인가? 이러한 모든 문제들은 당연히 입법기관이 모두에게 예외 없이 적용되는 법률로 정해야 할 것이다.

일반적으로 말하자면 적어도 지금까지는 기본소득에 반드시 전제되어야 할 특정한 조건 같은 것은 존재하지 않는다. 하지만 사람에게 지급되는 것이지 천사에게 지급되는 것은 아니니 어쨌든 기본소득을 받는 사람에 관한 규정은 있어야 할 것이다. 예를 들어 한 아이가 태어났다고 하자. 갓난아이가 받을 수는 없으므로 아마도 그 아이의 부모가 받게 될 것이다. 그리고 아마도 아이 몫으로 지급되는 기본소득은 성인에게 지급되는 기본소득의 액수와는 다르게 정해질 것이다. 기본소득이 용돈은 아니므로 아이 몫의 기본소득은 아이가 성인이 될 때까지는 부모에게 지급될 것이다. 그렇지만 어떤 경우라도 아이들에게 지급되는 기본소득은 기존의 자녀수당 정도의 액수는 되어야 할 것이다. 그리고 성인에게 지급되는 기본소득도 기존의 사회복지 급여들 정도의 수준은 되어야 할 것이다. 기본소득의 지급 액수를 넘는 지원이 필요한 사람에게는 필요에 따라 추가로 지원이 이루어질 수도 있을 것이다.

기본소득을 받지 못하는 사람들도 있을까? 있다면 어떤 사람들이 받지 못하게 될까? 지적 장애가 있는 사람들이 못 받게 될까? 게으름뱅이들이 못 받게 될까? 파렴치한 짓을 한 사람들은 어떻게 될까? 부자들은 또 어떻게 될까? 기업가들은? 정치인들은? 다른 나라에서 이

주해와서 사는 사람들은? 만약 떳떳한 것 같지 않은 느낌이 든다거나, 다른 사람들과 똑같은 취급을 받는 것이 싫다거나, 나중에 딴소리할 것 같아서 그렇다거나, 어떤 경우라도 자신의 삶은 자기 스스로 책임 지기를 원한다거나, 왠지 좋은 사람이 되어야만 할 것 같은 부담감이 느껴지는 것이 싫다거나 하는 등의 이유로 자신은 죽어도 기본소득을 받고 싶지 않다는 사람들이 있다면 그들은 또 어떻게 할 것인가?

그렇지만 우선 중요한 것은 필요성을 조사하거나 상응하는 의무를 요구하는 일 없이 적어도 생존권을 보장할 수 있는 액수를 지급한다 는 기본적인 원칙에 관한 동의와, 이러한 원칙을 바탕으로 하는 기본 소득의 시행 자체에 대한 합의를 이루어내는 일이다. 앞에서 말한 세 부적이고 특별한 조건들은 원칙에 대한 동의와 시행에 대한 합의만 이루어진다면 나중에 얼마든지 충분히 의논해서 결정할 수 있는 문제 들이기 때문이다.

개인주의 국가의 존립 기반은
가족이 아니라 시민이다

자급자족 사회는 가족을 기초로 한다. 자급자족 사회의 구성원들도 잉여생산물을 시장에 내다 팔기도 하지만, 기본적으로 그들은 자신의 농장에서 자신의 가족을 위해 생산하고 소비한다. 가족 형성의 바탕은 결혼이다. 그리고 결혼은 개인으로 하여금 삶의 중요한 가치들을 발견 할 수 있게 해서 가족이라는 목적공동체를 유지하는 밑바탕이 되기도 한다.

그러나 지난날 목적공동체로 존재했던 가족이 오늘날에는 필요공동체로 바뀌었다. 자급자족 사회가 노동사회로 바뀌었고, 그에 발맞추어 가족의 성격도 달라졌다. 하지만 가족 구성원들이 서로 연대해야 할 의무를 가지고 있다는 기존의 원칙은 여전히 굳건히 유지되고 있다. 그래서 이런 원칙에 기초해 소득이 없는 구성원들은 사회와 국가에 지원을 요청하는 대신에 임금노동에 종사하는 다른 구성원의 소득에 의지해서 살아가고 있다.

하지만 개인주의의 시대, 세계화의 시대라고 불리는 오늘날에도 가족이 여전히 과거와 같은 경제적 기능을 수행해야 한다는 것은 불합리하기 짝이 없는 일이다. 가족이 언제 어디서나 연대공동체이어야 하고 그렇게 작동해야 한다는 사고방식은 가족이라는 사회적 제도가 시대에 걸맞게 자신을 발전시키는 데 커다란 걸림돌이 되고 있다.

개인에 대한 평가가 가문이나 혈통과는 무관하게 이루어지는 개인주의의 관점에서 보면, 오늘날 가족이라는 연대공동체는 그다지 큰 의미를 지니지 못한다. 성과지상주의를 지구 전체에 보편화하고 있는 세계화의 관점에서 보더라도 마찬가지이다. 이제 개인은 더 이상 가족과 함께하지 않으며, 성과를 거두기 위해 전 세계로 바쁘게 뛰어다닌다. 오늘날 개인은 몇 세기 동안이나 자신을 정의해왔던 가족 속의 한 '아이'로서가 아니라, 세계 속의 한 개체로서 살아가고 있는 것이다.[7]

개인은 근대의 위대한 정신적 업적이다. 하지만 그때까지만 해도 개인은 경제적인 측면에서는 인류 전체를 가리켰지만, 정치적으로는 여전히 민족국가에 속해 있었다. 개인의 사회복지국가에서의 삶은 19세기 말 독일제국의 재상 오토 폰 비스마르크의 통치체제에서 시작되었다. 비스마르크는 생계를 유지하기 어려운 가난한 노동자와 그 가족을 구제하는 복지정책을 실시했다.

그렇지만 궁핍함을 전제조건으로 했던 비스마르크의 가족지원 정책과는 달리 오늘날의 가족지원에는 전제조건 따위는 없어야 한다. 부모가 자식의 생계를 책임지고, 나중에는 자식이 부모의 생계를 책임져야 한다는 원칙은 지금 이 시대의 현실과는 어긋나도 뭔가 많이 어긋난 것 같지 않은가? 이런 부양의 의무는 한 가족의 살림살이가 좋아지는 것을 막는다. 모든 가족 구성원들이 대를 이어서 부양의 의무에 짓눌리는 악순환에 빠지게 되는 것이다.

언론인인 아르노 비드만은 [독일의 일간지인] 『베를리너 차이퉁Berliner Zeitung』에서 이렇게 썼다. "만약 가족이 단지 우리 삶의 한 특정한 시기일 뿐이라면, 이제 우리는 개인과 가족·사회·국가의 역할 분담에 관해 새롭게 정의해야만 할 것이다. 모두가 말하기를 꺼리는 씁쓸한 진실이지만, 사회가 개인주의화될수록 가족의 역할은 더 작아지고 시민으로서의 개인은 점점 더 국가와 직접 연결된다. 이런 사실을 놓고 보면 모든 시민을 위한 기본소득은 시급히 논의되어야 할 문제임이 분명하다."[8]

씁쓸하든 그렇지 않든 진실은 진실이다. 어쨌거나 기본소득이 개인을 지원해 가족의 부담을 덜어주는 것은 분명한 사실이다. 그리고 이것이 지니는 의미는 결코 가볍지 않다. 가족이 서로에게 짐이 되는 부양·피부양의 관계에서 벗어나고 모든 가족 구성원과 모든 가정이 스스로 자신을 돌볼 수 있는 경제적 자립을 이룰 수 있다면, 오늘날 가족과 관련해 나타나는 출생률 저하에서 노인 문제에 이르는 수많은 문제들이 자연스럽게 해결될 수 있을 것이기 때문이다.

외부공급의 경제를 바탕으로 하는 개인주의 국가가 존립하고 있는 기반은 가족이 아니라 시민이다. 오늘날 가장이 모든 것을 결정하는 가족은 더 이상 존재하지 않는다. 가족 모두가 자신의 일을 스스로 결정한다. 현대 사회에서는 개인이 만물의 척도가 된 것이다.

조건 없는 기본소득은 바로 이러한 개인에 대한 투자이다. 기본소득은 모든 개인들에게 자신이 원하는 대로 자신의 삶을 만들어갈 수 있는 초기자본을 제공한다.

모두를 위한 해방

〔라틴어에서〕 종속에서 벗어난 해방이라는 의미를 나타내는 '에망키파티오Emancipatio'라는 낱말은 가부장의 보살핌에서 벗어난다는 뜻도 지니고 있다. 오늘날의 복지국가는 곤궁한 사람이 도움의 필요성을 증명할 경우에 국가가 그에게 도움을 준다는 돌봄의 원리 위에 세워졌다. 그러나 조건 없는 기본소득은 이러한 원리와 결별한다. 곤궁함을 드러내기란 결코 쉽지 않다. 누군가가 자신은 도움이 필요한 곤궁한 사람임을 다른 누군가에게 증명하고 그에게서 도움을 받는다면, 이 둘은 결코 대등한 관계일 수 없다. 이것은 주권자의 모습이 아니며, 현대적 차원의 구걸일 뿐이다.

거지들은 왜 바닥에 앉아서 구걸을 할까? 자선을 베풀어 주는 사람과 똑같은 눈높이에서는 구걸을 할 수 없기 때문이다. 똑같은 눈높이에서는 그의 곤궁함을 증명하기 어렵다. 따라서 똑같은 눈높이에서 이루어지는 것은 교섭이지 구걸이 아니다. 심지어 어떤 거지들은 사람들을 올려다볼 엄두조차 내지 못한다. 자선을 베푸는 사람들 가운데에도 거지한테는 눈길도 주지 않은 채 동전만 던져주는 사람도 있다. 자선을 베풀기 좋아하는 선량한 사람들한테는 바로 이런 이유 때문에 기본소득이 매력적으로 보이지 않는다. 기본소득은 자선의 문화를 중지시키기 때문이다. 자선은 동정에 뿌리를 두고 있다. 그리고 동정은 형편이 좋은 사람에 대해서 품는 마음이 아니다.

어떤 사람은 주는 사람이고 어떤 사람은 받는 사람인 상황에서 생겨나는 사회적인 문제들을 결코 가볍게 보아서는 안 된다. 주는 사람은 권력을 지니고, 받는 사람은 복종을 해야 한다는 의무감을 지니게 되기 때문이다.

기본소득은 이러한 상황을 깨끗이 없앤다. 더 이상 고맙게 여길 필요도 없고, 복종할 필요도 없다. 나는 한 사람의 주권자이다. 내가 기본소득을 받는 것은 나의 필요 때문이 아니라, 내가 한 사람의 주권자이기 때문이다. 기본소득의 근거는 나의 곤궁함이 아니라, 나 자신이다. 조건 없는 기본소득을 통해 우리는 조건 없이 서로의 존재를 인정하게 된다. 이것은 해방의 가장 높은 단계에서 나타나는 모습이다. 위에서 아래로 베풀어주는 것이 아니라, 서로가 서로에게 주는 것이다. 이렇듯 기본소득은 기울어진 저울의 균형을 바로잡는다.

많은 사람들이 기본소득이 시행되면 우리가 국가에 종속될 것이라고 우려한다. 하지만 진실은 이와는 정반대이다. 조건 없는 기본소득은 국가로 하여금 후견인의 노릇을 포기하게 해서, 우리를 국가의 보살핌으로부터 해방시킨다. 국가로 하여금 마침내 규제와 조정의 임무를 내려놓게 만드는 것이다. 기본소득은 국가로 하여금 (자유주의적으로) 규제를 없애고 (사회주의적으로) 삶의 안정을 뒷받침하게 한다. 그래서 조건 없는 기본소득은 국가와 우리가 가부장적인 종속 관계에서 벗어나 형제의 관계로 새롭게 만날 수 있게 한다.

사회적 성과로서의 성과

보조성은 자유의 원리이다. 신의 뜻을 빌어서 백성들에게 해야 할 일을 명령했던 파라오는 이러한 '보조성의 원리'*와는 거리가 먼 존재였다. 사회의 맨 꼭대기에 자리하고 있는 한 명의 파라오가 명령을 내리면, 그 아래에 있는 수많은 백성들이 그 명령을 수행하는 당시의 통치 피라미드는 진실로 이러한 원리와는 정반대의 것이었다. 고대 이집트인들에게는 자신이 책임지고 스스로 결정할 수 있는 것이 없었다. 단지 파라오의 명령을 따르는 것만 허락되었을 뿐이다. 권리를 가진 개체로서의 개인은 아직 존재하지 않았다. 그들은 자신의 문제를 스스로 해결할 권리는커녕 자신의 문제 그 자체를 가질 수 있는 권리조차 지니고 있지 못했다.

절대주의적인 요소를 제거하고 국가가 법적 존재로 등장한 뒤에야 개인은 비로소 스스로 결정할 수 있는 자유의 공간을 획득할 수 있었다. 개인이 자유를 쟁취하는 데 핵심적인 구실을 했던 계몽주의에 따르면 도움은 아무런 조건도 없이 위에서 아래로 행해질 수 있는 것이

---

* 보조성의 원리(Subsidiaritats Prinzip) : 모든 사회활동의 진정한 목적은 사회집단의 개별적인 구성원을 돕는 것이어야 하며, 그들을 파괴하거나 흡수하는 것이 목적이어서는 안 된다는 원리.

아니다. 도움이 행해지기 전에 먼저 도움을 요청하는 누군가가 있어야 하며, 아울러 그 요청이 사회에서 승인을 받아야 한다. 요청이 없는 도움은 도움이 아니라 개입이자 규제일 뿐이다. 그리고 사회가 승인하지 않은 도움도 기만일 뿐이다. 누구나 권리와 의무, 해결해야 할 문제를 안고 살아간다. 그리고 누군가 자신의 권리를 부당하게 침해받았거나, 수행해야 할 의무를 수행하지 않았다면, 아니면 해결해야 할 문제를 해결하지 못했다면, 더구나 그 문제가 그 혼자만의 문제가 아니라 다른 사람들과 관련된 문제라면 그때 비로소 국가와 같은 더 높은 차원의 법적 존재가 개입하게 된다. 오늘날 이와 같은 '보조성의 원리'는 모든 연방국가들이나 국가연합, 사회적 시장경제의 핵심요소이자 전제조건으로 기능을 하고 있다.

조건 없는 기본소득이 이러한 보조성의 원리를 파괴하는 것이며, 파라오가 베풀어주던 은총이나 마찬가지라는 주장은 근본적으로 잘못된 것이다. 파라오의 시대에는 모든 좋은 것들은 아래에서가 아니라 위에서, 성숙한 시민으로부터가 아니라 가부장적 국가로부터, 구체적인 개인으로부터가 아니라 추상적인 절대자로부터 생겨나고 베풀어졌다. 파라오의 은총은 자신의 삶과 자신의 가족에 대해 무엇 하나 스스로 결정할 수 없는 사람들에게 그들이 원하든 원하지 않든 강제로 베풀어졌다. 심지어 그들은 자신의 마을이나 자신의 지역, 자신의 나라에 관한 논의와 결정에서 완전히 배제되어 있었다. 따라서 그것은 후견이나 지원이기에 앞서 낭비이자 구속이었다.

물론 자립과 자주를 위한 보조성의 원리가 파라오 시대의 정치와 경제 관계를 바탕으로 하고 있는 것은 아니다. 보조성의 원리는 계몽주의 시대의 정치와 경제 관계에 기초해 확립되었다. 하지만 오늘날 우리는 이미 오래 전에 계몽주의 시대의 정치와 경제 관계를 지나왔다. 오늘날의 경제와 정치는 세계의 경제, 세계의 정치나 마찬가지이다. 정치와 경제 영역에서 지구 반대편에 살고 있는 사람들과 끊임없이 긴밀한 관계를 맺으며 살아가고 있기 때문이다. 우리는 지구촌에서 장을 보고, 지구촌에서 투표를 한다.

그렇다면 바야흐로 개인과 세계가 동등한 지위를 가지게 된 이러한 상황에서 우리는 개인의 자유와 사회의 요청을 과연 어떻게 결합시킬 수 있을까?

그러기 위해 무엇보다 중요한 것은 다른 사람의 자유를 보장하는 일이다. 나의 자유 안에는 다른 사람의 자유를 보장해야 할 책무도 포함되어 있다. 내게 주어져 있는 이와 같은 책무를 우리 모두가 정확히 인식한다면 문제를 해결하기가 그리 어렵지만은 않을 것이다.

다른 사람들이 나를 돌볼 수 있도록 나도 그들을 돌본다. 이것은 보조성의 원리에 담겨 있는 고전적인 원칙을 거꾸로 뒤집는다. 자립과 자주를 위한 보조성의 원리에 기초한 후견과 지원은 더 이상 큰 의미를 지니지 못한다. 오늘날 중요한 것은 어떻게 하면 그가 나를 도울 수 있도록 내가 그를 도울 수 있을까 하는 문제이다. 이제 나는 더 이상 나를 위해 일하지 않는다. 나는 다른 사람들을 위해 일하고, 다른 사람들은 나를 위해 일하기 때문이다. 이것이 바로 오늘날 우리가 이루어 낸 실재하는 사회적 성과이다.

이렇듯 조건 없는 기본소득은 사회적 성과 그 자체가 아니다. 사회적 성과가 가능하게끔 하기 위한 것이다. 앞서 말했듯이 우리가 이루어 낸 사회적 성과는 우리 모두가 서로 다른 사람들을 위해 일한다는 사실이다. 깨닫지 못했을지라도 분업화된 사회 속에서 우리는 실제로 이미 늘 그렇게 해왔다.

기본소득은 우리가 이런 사회적 성과를 의식적으로 지향할 수 있게 해준다. 그래서 우리로 하여금 개인이 비로소 깨어났지만 여전히 자신의 농지를 스스로 갈아야만 했던 시대에서 비롯된 보조성의 원리를 넘어설 수 있게 해준다. 자기 자신을 책임지기 위해 다른 사람을 돌보아야 하는 '자기 책임'이 바로 그것이다. 기본소득이 시행되면, 우리는 이러한 자기 책임을 힘껏 수행할 수 있게 된다. 나의 생존 자체가 의심할 필요조차 없이 안전해져야만 비로소 다른 사람의 생존도 내게 중요한 것이 될 수 있다.

이처럼 조건 없는 기본소득은 보조성의 원리를 파괴하는 것이 아니라, 넘어서는 것이다. 조건 없는 기본소득을 통해서 보조성의 원리는 비로소 진정한 목표에 도달할 수 있게 된다. 모두 함께 어울려 세계를 구성하고 유지해가는 자유로운 개인이라는 목표 말이다.

무엇이 공정할까

공정성은 관점의 문제이다. 케이크를 나눠 먹는 일만 해도 그렇다. (모두 똑같은 크기의 조각으로 나누는) 수량적인 공정성, (배고픈 정도에 따라 나누는) 필요에 따른 공정성, (케이크를 만드는 데 기여한 정도에 따라 나누는) 성과에 따른 공정성, (케이크를 최대한 오래 먹을 수 있게끔 최소한의 크기로 나누는) 생태적 공정성, (저마다 가져갈 양을 스스로 정하게 하는) 자율적 공정성 등으로 나뉜다.

공정하다는 것은 대체로 어떤 하나의 문제에 대한 다양한 관점들을 조화롭게 고려해서 모든 관점과 모든 개인이 억울한 피해를 입지 않게 하는 것을 뜻한다. 일종의 '균형잡기'라고 할 수 있을 것이다. 그래서 법철학자 구스타프 라트브루흐는 공정성에 관해 이렇게 말했다. "공정성의 내부에는 해결하기 어려운 긴장관계가 놓여 있다. 동일성은 그의 본질이며, 보편성은 그의 형식이다. 그리고 모든 경우들과 모든 개인들이 저마다 추구하는 고유성도 담고 있어야 한다."[9]

이런 점에서 조건 없는 기본소득은 공정하다. 모두가 다 똑같이 나누어 가질 수 있게 하면서, 모두가 다 서로 다른 각자의 고유성을 지닐수 있게도 하기 때문이다. 기본소득은 모두 똑같은 지점, 똑같은 상황에서 출발해 저마다의 고유성에 기초해 서로 다르게 자기 발전을 이루어갈 수 있게 해준다. 자유로운 결정의 가능성은 이러한 공정성을 더욱 촉진하고 강화한다.

일도 하지 않은 사람이 다달이 꼬박꼬박 돈을 받는 것은 불공정한 일이라고 주장할 수도 있다. 하지만 이러한 주장이 내세우는 근거는 그리 적절한 것이 되지 못한다. 임금을 받기 위해서는 먼저 일을 해야한다는 생각 자체가 이미 공정치 못한 것이기 때문이다. 이런 생각에는 일을 하는 사람에 대한 불신이 잠재되어 있다. 하지만 미리 돈을 주면 제대로 일을 하지 않을 것이라고 덮어씌우는 것이야말로 공정하지 못한 짓이다. 일어나지도 않은 일을 가지고 미리 유죄를 선고할 수는 없기 때문이다.

다시 더 조목조목 따져보자. 일도 하지 않은 사람이 다달이 기본소득을 받는 것은 불공정한 일이 아닌가? 아니다. 그렇지 않다. 임금노동이 아닌 노동은 가치가 없는 노동이라고 생각하는 것, 심지어 임금

노동이 아닌 노동은 아예 노동이라고도 생각하지 않는 것, 이렇게 생각하는 것이야말로 진짜 불공정한 일이다.

그렇다면 부자가 조건 없는 기본소득을 받는 것은 불공정한 일이 아닌가? 아니다. 그렇지 않다. 부자들에게 기본소득을 지급하지 않는 것이 오히려 불공정한 일이다. 나아가 돈 많은 부자들을 특수한 부류로 구분하는 것 자체부터가 이미 불공정한 일이다. 돈이 없어 생활을 꾸려가기 어려운 사람들에게만 기본소득을 지급하면, 그것은 공정치 못한 일이다. 그런 기본소득이라면, 기본소득을 받는 순간 그 사람에게는 곧바로 우리와는 다른 사람이라는 낙인이 찍히게 된다. 그런 낙인은 공정치 못하다. 우리는 모두가 똑같은 한 명의 사람일 뿐이며, 조건 없는 기본소득은 가난한 사람이나 부유한 사람, 아니면 똑똑한 사람이나 멍청한 사람을 가려서 주는 것이 아니라, 그냥 사람한테 주는 것이기 때문이다.

감행하지 않고서는
아무것도 바꿀 수 없다

조건 없는 기본소득이 도입되면 어떤 일이 생길까? 나쁜 점은 무엇이고, 좋은 점은 무엇일까? 한 가지 확실한 것은 다른 사람들이 미래에 관해 나와는 아주 다른 생각을 가지고 있다는 사실이 드러나게 될 것이라는 점이다. 이것은 내게 아픈 상처가 될 수도 있다. 하지만 드러나야 할 것이 드러났다는 점에서 보면, 긍정적인 변화임이 분명하다.

기본소득이 도입되어 나쁘게 되는 것은 없다. 자신이 원하는 삶을 살 수 있게 될 것이기 때문이다. 나쁜 것은 기본소득이 시행되지 않는 것뿐이다. 기본소득이 시행되지 않으면 변명이라는 이름을 가진, 세계에서 가장 규모가 큰 보험대리점이 계속 번창하게 될 것이다. 우리가 원하지는 않았지만 그예 해야만 했던 것, 아니면 우리가 원했지만 기어이 하지 못했던 것들에 관해 우리는 곧잘 그 보험대리점에 모든 책임을 떠넘기고는 한다. 이것은 슬픈 일이다. 변명은 모든 것을 망쳐버리기에 그렇다. 조건 없는 기본소득은 변명이라는 이름의 이러한 보험대리점들의 문을 모조리 닫게 만들 것이다.

우리는 조건 없는 기본소득에 관해 일종의 두려움을 가지고 있다. 이것은 분명한 사실이다. 사회계약이 파기될지 모른다고, 경제가 붕괴될지 모른다고, 아무도 일하려 하지 않을지 모른다고, 지금까지 힘들여 이루어 놓은 복지를 우리 손으로 허물게 될지 모른다고, 아무도 교육을 받지 않으려 할지 모른다고, 모두들 집에만 틀어박혀 있게 될지 모른다고 많은 사람들이 걱정을 하고 있다.

그렇지만 이 모든 것들은 확인되지 않은 불확실한 걱정들일 뿐이다. 확인되지 않은 것은 진실일 수 없다. 확인되지 않은 걱정이라면, 그 걱정 때문에 아무것도 하지 않는 것보다는 그래도 한번 부닥쳐 보는 것이 낫다. 예컨대 내게는 유감스러운 일일지 몰라도 나를 제외한 모든 사람들이 석기시대로 돌아가서 살고 싶어할 수도 있다. 기본소득이 시행되면 적어도 그런 사실이 세상에 밝혀지기는 할 것이다. 이것도 결코 나쁜 일은 아니다! 모든 사람들이 지금 이 시대가 아니라 석기시대에 살기를 원하고 있다면, 오늘날을 복지의 시대라고 부를 수는 없을 것이기 때문이다. 자신이 원하는 삶을 살지 못하는 사람이 많을수록 함께 사는 삶은 더 위험해진다. 공동체로서는 자신이 원하는 삶을 살지 못하는 사람들이 째깍거리며 폭발을 예고하고 있는 하나의 시한폭탄이나 마찬가지이기 때문이다.

실제 상황은 걱정했던 것과는 전혀 다르게 전개될 수도 있다. 예상컨대 우리가 뭔가를 결정할 때마다 좀 더 스스로, 좀 더 자유롭게 결정할 수 있게 될 것이라는 점을 빼고는 지금과 크게 달라지지는 않을 것이다. 물론 기본소득이 시행되면 지금까지 참된 의미로 인정받지 못해왔던 분업과 외부공급, 직업과 공정성의 가치가 드디어 제대로 평가받을 수 있게는 될 것이다.

기본소득이 시행되면 나쁜 일이 생길지 좋은 일이 생길지는 우리가 함께 논의하는 과정에서 어느 정도 드러날 수밖에 없을 것이다. 예컨대 중세로 돌아가고 싶어하는 사람이 거의 없다고 한다면, 나아가 대부분의 사람들이 우리 사회에 여전히 깊게 뿌리를 내리고 있는 구조적인 중세의 상태가 제거되기를 원한다면, 기본소득이 그것에 기여할 수 있을지 없을지 하는 것 정도는 최소한 살펴볼 수 있을 것이다.

중세의 사람들에게 삶은 운명이라는 이름으로 바깥으로부터 주어졌다. 중세 사람들은 자신의 운명 앞에서 무력했다. 그들에게는 운명에 대한 순응이 미덕이었다. 하지만 오늘날 우리의 존엄성은 자신의 운명을 스스로 결정하고 만들어갈 수 있다는 것에서 나온다.

기본소득이 시행되면 모두 몰려올까

사람들이 자신의 모국을 떠나는 이유는 다양하다. 기아와 전쟁 때문에 떠나는 사람도 있고, 나쁜 날씨나 불친절한 이웃 때문에 떠나는 사람도 있다. 그들은 새로운 나라에서 처음 얼마 동안은 이방인이라는 느낌을 지니고 살아가게 될 것이다. 하지만 살기 어려워 자기 나라를 떠나온 그들이고 보면, 그들은 이미 자신들의 모국에서도 이방인과 같은 느낌을 지닌 채 살아왔을 것이다.

세계화된 지구 위에서는 이미 '우리' 나라와 '다른' 나라의 경계가 빠른 속도로 흐릿해지고 있다. 지구 반대편에서 만들어진 물건이, 또 다른 반대편 구석구석으로 팔려간다. 다른 도시에 있는 사무실까지 날마다 먼 길을 차를 타고 달려가 출근하는 직장인이나, 다른 도시에 있는 직장 근처에 아예 방을 얻어서 가족과 떨어져 사는 노동자, 비행기 안이 마치 집처럼 편안하게 느껴지는 사업가 등은 이제 결코 특별한 사례로 여겨지지 않는다.

새로 살 곳을 찾는 이유들도 살던 곳을 떠나는 이유들만큼이나 다양하다. 평화로운 삶을 위해서, 안전한 삶을 위해서, 복지나 자아 실현을 위해서, 때로는 자연환경이나 문화에 대한 취향 때문에 새로운 곳을 찾아 나서기도 한다.

그러나 오늘날 우리가 목격하고 있는 난민들의 드라마는 충격적이다. 좀 더 선선한 날씨를 원하거나 불친절한 유럽인들과 사귀려고, 아니면 자신들의 문화에 싫증 나서 그 수많은 난민들이 위험하기 짝이 없는 먼 길을 거쳐서 죽을힘을 다해 유럽이라는 성채로 기어오르는 것은 아니다. 그들이 그렇게 하는 이유는 간단하다. 그들이 떠나온 그

곳에는 그들이 살아갈 수 있는 삶의 기반이 없기 때문이다. 그들의 이주는 자기 실현을 위한 이주가 아니라, 생존을 위한 이주인 것이다.

모든 인간의 생존은 보장되어야 할 가치를 지닌다. 그러므로 조건 없는 기본소득보다 더 나은 방법의 개발 정책은 없다. 소득이 보장되지 않아서 해 보고 싶은 일을 그예 포기해버리고 마는 사람들이 한둘이 아니다. 할 일은 곳곳에 널려 있다. 일거리가 없다고 말하는 사람은 눈뜬 봉사이거나 비열한 사람이다.

다른 사람들이 어떻게 살든 나하고는 상관없는 일이라고 생각한다면 그 부정적인 결과는 결국 나 자신한테로 돌아온다. 세상에 이쪽 사람과 저쪽 사람을 나누는 어떤 경계나 울타리가 있다는 생각은 하나의 착각일 뿐이다. 우리들은 서로 연결되어 있으며, 우리가 서로를 잇고 있는 이 관계를 잘 돌볼수록 생존의 위협 때문에 지금까지 자신들이 살던 곳을 떠나는 사람들의 숫자도 줄어들게 될 것이다.

기본소득이 도입되면 이민자들이 늘어날 것이라는 생각은 근거 없는 기우일 뿐이다. 이민 문제는 이민법으로 결정되는 것이지 기본소득과는 아무 상관이 없다. 기본소득이 시행된다고 해서 이민자가 늘어나는 것도, 줄어드는 것도 아니다. 유럽의 복지체계가 이민자들을 불러모으는 하나의 요인이 되고 있는 것은 분명한 사실이지만, 그것이 어제오늘 갑자기 나타난 일도 아니다. 게다가 그것은 어디까지나 부차적인 요인일 뿐이다. 그들이 자기 나라를 떠나는 근본적인 이유는 무엇보다도 그들이 직면해 있는 생존의 위협이기 때문이다.

그렇다면 조건 없는 기본소득이 오히려 선풍적인 인기를 끄는 수출 상품이 될 수도 있을 것이다. 사회통합에 큰 관심을 가지고 있는 나라나 자국민의 해외 이주를 막기 위해 고심하는 나라들의 경우에는 언젠가 한 번쯤은 반드시 기본소득을 고려하게 될 것이기 때문이다. 생존의 안전이라는 기반 위에서 하고 싶은 일을 할 수 있게 된 사람은 돈을 더 많이 주는 곳을 찾아 이곳저곳 헤매지 않을 것이다. 조건 없는 기본소득은 사람들로 하여금 자신이 하고 싶은 일이 무엇인지 찾아 그 일을 할 수 있게 도울 것이고, 그렇게 되면 사람들은 자신에게 도움을 주는 그곳에 기꺼이 머물러 있게 될 것이다.

모두에게 좋은 것을 다른 사람한테도 좋다는 이유로 마다한다면 참으로 어처구니없는 노릇이 아닐 수 없다. 다른 사람한테 도움이 된다는 이유로 모두에게 좋은 것을 하지 않으려 한다면 고약해도 이만저만 고약한 심보가 아니다. 다른 사람이 나아지는 것이 싫어서 모두가 나아지는 것을 거부하는 사회에서는 어떤 발전도 기대하기 어렵다. 다른 사람의 발전을 막기 위해 모두의 진보를 막는 것은 그 자체로 이미 퇴보이기 때문이다.

좋은 생각은 자기 안에 역동성을 담고 있다. 모두가 함께 하려고 할 뿐 아니라, 모두가 더 잘하려고 한다. 모든 스위스 사람들이 처음부터 조건 없는 기본소득을 시행하는 데 찬성하는 것은 불가능한 일이다. 하지만 언젠가 스위스만이 아니라 세계 모든 곳에서 조건 없는 기본소득이 시행되는 것은 결코 불가능한 일이 아니다. 치즈나 초콜릿이 아니라 조건 없는 기본소득이라는 하나의 생각이 스위스의 인기 있는 새로운 수출상품이 될 것이다.

이제 조건 없는 기본소득이 시행되어야 할 때가 되었다. 때가 되었다면 스위스가 그 첫걸음을 내딛지 말아야 할 이유 따위는 존재하지 않을 것이다.

기본자산으로서의 기본소득

많은 사람들이 조건 없는 기본소득에 관해 매우 따뜻한 생각이지만 허황되기 그지없는 것처럼 보인다고 말한다. 어떤 사람이 이렇게 말한다. "모두 한 사람의 시민이므로 월급을 받고 있든 아니든, 얼마나 받고 있든 누구나 아무런 조건 없이 기본소득을 받을 수 있어야 한다." 그러자 옆에 있던 다른 사람이 멋진 생각 같아 보이기는 하지만, 그렇게 많은 자금을 조달하는 것은 근본적으로 불가능에 가까운 일이라고 말한다. 불공정해 보이는 측면이 없잖아 있다는 사람도 있고, 노동의 욕을 떨어뜨리게 될 것이라고 말하는 사람도 있다. 자본주의적이라고 욕하는 사람도 있고, 사회주의적이라며 두려워하는 사람도 있다.

도대체 조건 없는 기본소득이라는 생각은 어떻게 해서 생겨났을까? 비스마르크 식의 복지국가는 전통적인 가족형태, 길지 않은 평균수명, 일자리 상실로 노동이 중단되지 않는 노동환경이라는 조건이 일반적일 때에야 비로소 계속 작동될 수 있다. 만약 그런 조건들이 사라진다면, 다시 말해서 내가 하는 일·같이 사는 사람·내가 사는 곳이 빈번히 바뀐다면, 나 자신의 의도와 상관없이 노동을 할 기회로부터 배제되어 버린다면, 기계들이 인간을 대신해 물질적인 복지를 증진시킬 수 있다면, 그때는 일자리를 보장하는 것만으로는 문제가 해결되지 않는다. 모두가 하고 싶은 일을 할 수 있도록 안정된 생존의 기반을 보장하는 것이 중요해진다. 그리고 바로 이러한 기반을 마련하기 위해 등장한 하나의 제안이 조건 없는 기본소득이다.

일찍이 이미 16세기에 토마스 모어는 범죄를 근절하기 위한 방안은 사형이 아니라 소득의 보장이라고 주장하며, 그에 관한 대책을 촉구했다. 18세기에는 토마스 페인이 모든 주민들은 그들의 자연법적인 권리에 해당하는 땅 크기만큼의 금액을 보상받아야 한다고 주장했다. 19세기의 존 스튜어트 밀도 모든 사람들이 자신의 능력을 발휘할 수 있도록 기본적인 생계가 보장되어야 한다고 주장했다.

만약 기본소득을 어느 한 사회가 이룬 성과가 아니라 누구에게나 보장되어야 할 기본권으로 이해한다면, 1796년에 발표된 「토지분배의 정의*Agrarian Justice*」라는 글에 나타난 토마스 페인의 생각이 우리에게 많은 시사점을 가져다준다. 이 세상에 태어난 모든 사람들에게는 자신이 살아갈 땅이 기본권으로 주어져 있다. 그렇지만 그 땅들은 이미 사유화되어 있어서 나누어 갖는 것이 사실상 불가능하므로, 그에 걸맞은 기본소득으로 그 손실이 보상되어야 한다. 그리고 그 기본소득은 "가난한 사람이든 부유한 사람이든 상관없이" 모두에게 주어져야 한다. "열심히 일을 해서 재산을 많이 모았든 그렇지 않든, 아니면 상속을 많이 받았든 그렇지 않든 누구나 똑같이 기본권을 지니고 있기 때문이다."[10]

오래 전에 토마스 페인이 말했던 것이 이제야 비로소 공론화되기 시작했다. 농업에 기초한 자급자족 경제를 지나온 지 이미 오래인 우리가 땅을 나누어 가진들 무슨 소용이 있겠는가? 이렇게 본다면 기본소득은 21세기의 삶을 꾸려갈 우리의 기본자산인 셈이다.

기본소득은 사회주의의 실험도 신자유주의의 연옥도 아니다. 그것은 제3의 길이다. 일을 했든 하지 않았든, 성과를 이루었든 이루지 못했든 누구에게나 똑같은 금액의 소득을 보장한다는 점에서 기본소득은 사회주의보다 더욱 사회주의적이다. 그렇지만 그것은 시장경제체제 안에 내재된 혁신과 합리성의 힘, 시장경제적인 가치 창조도 포기하지 않는다. 또한 모두가 소비자금으로 무장한다는 점에서, 그리고 생존의 안전이라는 기반 위에서 실질적인 자유로운 경쟁이 비로소 펼쳐질 수 있게 된다는 점에서, 기본소득은 자본주의보다 더욱 자본주의적이다.

조건 없는 기본소득은 생각의 전환을 요구한다. 아울러 그것은 촉구와 격려의 수사학, 일자리 보장의 수사학, 실업자 구제의 수사학을 깨트린다. 기본소득은 우리 모두와 함께하기를 원하지만, 우리를 그 어떤 곳으로도 이끌지 않는다. 우리 모두가 자신이 원하는 대로 살아갈 수 있도록 우리의 손에 우리 자신의 삶을 되돌려줄 뿐이다.

누가 이 모든 것을 지불하는가

누가 이 모든 것을 지불하는가? 이 질문은 잘못된 질문들 가운데에서도 가장 잘못된 질문이다. 조건 없는 기본소득은 지불되어야 하는 것이 아니라, 이해되어야 하는 것이기 때문이다. 재정과 관련해서 본다면 이것은 일종의 [이득과 손실의 총합이 제로가 되는] 제로섬게임이다. 기본소득을 시행하기 위해 재정이 추가로 필요한 것은 아니다. 계좌에 더 많은 돈을 넣어야 하는 것이 아니라, 계좌에 있는 돈을 다른 방식으로 배분하는 것일 뿐이다. 조건 없는 기본소득은 바로 이 새로운 배분 방식에 대한 하나의 제안이다. 원칙적으로 기본소득은 기존의 소득을 단지 다른 방식으로 운용하는 것일 뿐이므로, 기본소득을 시행하든 시행하지 않든 계좌에 있는 돈의 액수가 달라지지는 않는다.

조건 없는 기본소득의 기초는 기존의 소득이다. '조건이 없다'는 것은 더 많은 돈으로 만들어지는 것이 아니다. 신뢰로 만들어지는 것이다. 이와 같은 사실을 이해하는 사람은 질문부터 달라진다. 조건 없는 기본소득이 시행되면 어떤 일들이 일어날까? 나에게는? 이웃들에게는? 학교에서는? 일터에서는? 정치에서는?

오늘날 우리는 모두 조건부 소득으로 살아간다. 일을 해서 얻은 것이든, 재산에서 파생된 것이든, 국가로부터 지원받는 것이든 오늘날 우리가 거두는 소득은 모두 조건부 소득이다. 우리는 소득이 없이는 살아가지 못한다. 그래서 국가는 세금과 사회보장 분담금을 거두어서 나이가 얼마나 되는지, 실업자인지 아닌지, 병을 앓고 있는지 등의 기준에 따라 소득이 없거나 모자란 사람들을 지원해준다.

하지만 조건 없는 기본소득은 지원이 필요한 사람에게만 지급되는 것이 아니다. 성과를 거둔 사람에게만 주어지는 것도 아니며, 기부금도 아니고, 임금도 아니다. 구매하는 것도 아니고, 교환하는 것도 아니며, 선물도 아니다. 조건 없는 기본소득은 오늘날 우리가 소득이 없이는 살아갈 수 없다는 아주 간단하고 분명한 사실에 바탕을 두고 있다. 그리고 그와 같은 바탕 위에서 아무런 조건 없이 생존을 보장한다는 것이 과연 그렇게 비이성적인 일인지를 우리에게 묻는다.

조건 없이 생존의 안전을 보장하는 것이 보편화되기를 원하는 사람들은 대체로 재원을 마련하는 문제부터 떠올리곤 한다. 하지만 이 문제는 우리가 지금 당장 고민을 해야 할 대상이 아니다. 물론 그런데도 논의 과정에서 이미 다양한 세금들이 거론되며 여러 모델들이 비교되고 있다. 부유세에 관심을 보이는 사람도 있고, 부가가치세가 기본소득의 재원으로 적절하다고 여기는 사람도 있으며, 금융거래세로 자금을 마련해야 한다고 주장하는 사람도 있다. 방법은 모두 다르지만, 이런 제안들은 모두 조건 없는 기본소득이 시행되기를 바란다는 공통점을 가지고 있다. 그렇지만 지금 당장 우리에게 필요한 것은 우리가 진정으로 조건 없는 기본소득을 원하는지 그렇지 않은지를 판단하고 결정하는 일이다. 재원을 어떤 방식으로 마련할지 하는 문제는 그 뒤에 천천히 고민해도 결코 늦지 않다.[11]

기본소득과 관련해서 이미 수많은 숫자들이 떠돌고 있는 것도 사실이다. 그런 숫자들은 재원 마련과 관련된 특정한 모델들을 지지하는 근거가 되기도 하고, 반대하는 근거가 되기도 한다. 문제는 그런 숫자들이 우리에게 도움을 주기보다는 우리를 더욱 혼란스럽게 만들고 있다는 사실이다. 자신의 주장이나 자신의 모델이 정당함을 증명하려는 사람들은 모든 것이 완전히 불합리하며 비현실적이라는 확신, 아니면 모든 것이 아주 논리적이며 당연하다는 확신을 가정의 전제로 삼으려고 하는 경향이 있기 때문이다.

재원을 어떻게 마련할지 하는 문제는 주관적인 반대를 객관적인 것으로 위장하기 위한 좋은 수단으로 쓰이기도 한다. 기본소득에 반대하는 사람들은 다른 사람들을 믿지 못한다고 말하지 않는다. 그 대신 자금을 조달하는 것이 가능하겠느냐고 말한다. 말을 하는 의도가 애당초 질문을 하는 데 있지 않은 사이비 질문은 단지 기본소득에만 국한되어 나타나는 것도 아니다. 오히려 말보다 숫자를 선호하는 시대에 자금 조달에 관한 문제는 달갑지 않은 것을 거절하기 위한 일종의 정중한 매너처럼 쓰이기도 한다. 그래서 어떤 사람들은 자금 조달이 불가능하다는 말을 더 이상의 논의를 불필요하게 만들어 버리는 무자비한 논거로 사용하기도 한다. 그들은 그런 식으로 신학자 오스발트 폰

넬브로이닝의 근원적인 통찰을 아무렇지도 않게 짓밟아버린다. "재화 경제적으로 생산할 수 있는 것은 우리들이 진심으로 진지하게 그것을 원한다는 단 하나의 조건만 충족된다면, 그것을 만들어낼 자금을 조달하는 것은 어떤 식으로든 가능하다."[12]

　기본소득의 재원과 관련하여 지금 우리가 할 수 있는 실질적인 질문은 기본소득이 지닌 '무조건성無條件性'의 영향에 관한 것뿐이다. 조건 없는 기본소득이 과연 경제와 사회의 발전에 어떤 영향을 끼칠 것인가? 마비시킬 것인가, 쇠퇴시킬 것인가, 아니면 촉진시키고 자유롭게 만들 것인가? 어떤 일을 하고 싶은지 깨닫고 그 일에 매진할 수 있도록 우리들에게 동기 부여를 해줄 것인가, 아니면 하고 있던 일마저 그만두고 집안에 틀어박혀 빈둥거리게 만들 것인가? 이런 질문들은 자금 조달과 관련된 연구로부터 대답을 얻을 수 있는 것들이 아니라, 궁극적으로 우리 자신들이 대답해야 할 문제들이다. 경제 평론가인 볼프 로터가 기본소득이 안고 있는 과제를 이렇게 요약한 것도 바로 이러한 이유 때문이다. "재원을 마련하는 것은 어렵지 않다. 어려운 것은 자유를 훈련하는 일이다."[13]

권력 분배

　독일어에서 '권력'이라는 뜻을 지닌 명사 '마흐트Macht'는 '하다'라는 뜻을 나타내는 동사 '마흔machen'의 활용형과 형태가 같다. 그렇다면 무엇을 하는 것이 권력이고, 권력을 가지고 있는 것은 어떤 사람일까?

자신이 원하는 것을 하는 사람이 권력을 가진 사람이고, 자신이 원하지 않는 것을 해야만 하는 사람이 권력을 갖지 못한 사람이다. 곧 자기가 원하는 것을 할 수 있는 것이 권력이고, 자기가 원하는 대로 할 수 없는 것이 무력함이다.

그렇다면 돈을 가진 사람이 권력을 갖는가? 그렇다. 그들은 자신이 원하는 것을 할 수 있으며, 다른 사람들이 시키는 대로 할 필요가 없기 때문이다. 게다가 돈을 가진 사람은 다른 사람들이 할 일을 결정할 수도 있다. 그들은 자신이 하고 싶지 않은 일은 돈을 주고 다른 사람에게 시킨다. 하지만 다른 사람들도 똑같이 돈을 가지고 있다면 돈은 힘을 잃는다. 모두가 돈을 가지고 있다면, 어느 누구도 돈 때문에 하기 싫은 일을 억지로 하지는 않을 것이기 때문이다.

돈만 권력을 가지고 있는 것은 아니다. 지식도 권력을 가지고 있다. 대중매체처럼 우리의 눈과 귀를 휘어잡고 있는 것들도 권력을 가지고 있다. 그것들은 우리들의 눈과 귀를 끌어들여 우리들의 생각을 자신들이 원하는 방향으로 변화시킨다.

조건 없는 기본소득이 시행된다면 기존의 권력구조는 어떻게 바뀌게 될까? 우선 우리를 무력하게 만드는 생존에 대한 불안감이 사라지게 될 것이다. 생존에 대한 불안감 속에서 살아가는 사람은 그것을 걱정할 필요가 없는 사람과는 달리 권력 앞에서 무력해지게 마련이다. 생존의 안전이 보장되어 있는 사람은 생존에 대한 불안감에 계속 시달리는 사람보다 훨씬 더 큰 자유를 누릴 수 있다.

게다가 하기 싫은 일을 해야 하는 사람은 하고 싶은 일을 하는 사람보다 책임감도 떨어진다. 자신의 의지로 어떤 행위를 한 사람과는 달리, 하기 싫은데도 어쩔 수 없이 그렇게 할 수밖에 없었던 사람은 그

행위에 대해 책임감을 지니기 어렵다. 자유로운 의지가 책임감을 만든다. 자유롭지 않은 상황에서 어쩔 수 없이 어떤 일을 한 사람은 그 일에 대한 책임을 다른 누군가에게 떠넘기게 마련이다.

막스 베버는 권력에 대해 다른 사람들과 차이가 있는 자신의 의지를 밀어붙일 수 있는 힘이라고 보았다.[14] 하지만 한나 아렌트에게 이것은 권력이 아니라 폭력이다.[15] 권력과 폭력은 서로 대립한다. 권력을 가지고 있지 않은 사람이 폭력을 휘두른다. 곧 폭력은 권력의 부재를 보여줄 뿐이다. 폭력은 다른 사람에 대한 통치이지만, 권력은 자신에 대한 통치이다. 이러한 권력은 다른 사람들에게 감동을 주어 그들이 나와 함께할 수 있게 한다.

미래에는 기계가 하지 못하는 것을 하는 사람이 권력을 갖게 될 것이다. 스스로 생각하고 스스로 결정하는, 억지로 하지 않는 사람이 권력을 지니게 될 것이다. 조건 없는 기본소득은 우리 자신이 스스로에 대한 모든 권력을 지닐 수 있게 한다. 그렇게 권력을 분배해서 우리 모든 한 사람 한 사람의 손에 쥐어줄 것이다.

사잇글 2

찬성하는 사람들

해방을 위한 행동

"인간을 고통스러운 노동에서 해방시키는 것이 경제의 궁극적인 목표일 것이다. [⋯] 오늘날 우리는 없는 것이 없는 풍요로운 세상에 살고 있다. 문제는 어떻게 해야 모든 사람들이 우리 사회가 만들어내고 있는 이 모든 것들을 누릴 수 있을까 하는 데 있다. [⋯] 우리에게 필요한 것은 일자리에 대한 권리가 아니다. 우리에게 필요한 것은 소득에 대한 권리이다. 조건 없는 기본소득에 대한 권리이다. 기업가들은 권력을 상실할 것이다. 노동조합과 정치인들도 권력과 영향력을 잃게 될 것이다. 하지만 모든 시민들은 존엄과 안전, 실질적인 권력과 자유를 얻게 될 것이다."[16]

괴츠 베르너 (독일의 기업가)

민주주의의 수호

"소득을 얻기 위한 노동의 의미가 점차 작아지고 있는 상황을 고려한다면 기본소득은 시급하게 논의되어야 할 제안이 아닐 수 없다. 실업률이 지속적으로 치솟아 이제는 어느 누구도 실업의 위험으로부터 자유롭지 못하다. 하지만 먹지 않고는 살 수 없다는 사실 앞에서 자유로울 수 있는 사람도 없다. 기본소득은 생존에 대한 불안 속에 내던져지어 절망하는 일이 일어나지 않도록 우리를 지켜준다. 이런 의미에서 보자면 기본소득은 사회계약과 지금까지 우리가 이룩한 문명, 나아가 민주주의를 지키는 것이기도 하다."[17]

장 지글러 (스위스 사회민주당 소속 정치인)

시의적절한 시민권

"경쟁 속에서 우리 자신을 팔아야 하는 상황이 지속되기를 원하는가? 아니면 사회경제적인 권리를 포함한 시의적절한 시민권을 모든 구성원에게 보장하는 높은 수준의 문명사회에서 살기를 원하는가? […] 모두에게 조건 없는 기본소득이 지급된다면 낙인찍기는 더 이상 존재하지 않을 것이다. 시민권에 기초한 기본소득은 사람들을 실패자로 낙인찍히게 만드는 기초생활수급과는 근본적으로 다르다."[18]

페터 울리히 (스위스의 경제학자)

게으름의 무익함은 누구나 알고 있다

"기본소득이 시행된다고 해도 사회가 게으름에 빠지는 일은 일어나지 않을 것이다. 기본소득 덕분에 사람들은 자신이 하고 싶은 일을 할 수 있을 것이고, 이는 임금보다 더 효과적으로 노동의욕을 고취할 것이다. [⋯] 5년 전부터 나는 하고 싶은 일을 하는 자유를 누리고 있다. [⋯] 내 생애를 통틀어 이 새로운 자유는 가장 중요한 경험에 속한다. 조건 없는 기본소득은 이런 자유를 우리 모두에게 선사할 것이다. [⋯] 누구나 자기가 하고 싶은 일을 할 수 있는 공정한 세계가 될 것이며, 그 결과 실업도 줄어들 것이다."[19]

오스발트 지크 (스위스 사회민주당 소속 정치인)

허울뿐인 완전고용

"조건 없는 기본소득은 우리 시대의 경제적 발전의 불가피한 귀결이다. 우리 손으로 만든 기계들이 과거에 우리가 하던 일들을 대신 처리하고 있다. 힘들고 단순한 노동에서 벗어난다는 것은 분명히 좋은 일이다. 하지만 그 결과 완전고용은 점점 더 허울뿐인 구호로 전락하고 있다. 실업 문제의 해결이라는 명분 아래 점점 더 많은 사람들이 일용직, 비정규직으로 내몰리고 있는 것이 지금 우리의 현실이다."[20]

마리나 바이즈반트 (독일 해적당 소속 정치인)

투명함이 활기를 가져다줄 것이다

"터무니없을 정도로 복잡하기 짝이 없는 지금의 시스템에 비하면 기본소득은 칭송받아 마땅하다. […] 기본소득을 위한 시민운동도 우리에게 대답조차 하기 어려운 복잡한 질문 대신 본질과 관련된 짧고 분명한 물음을 던질 것을 촉구하고 있다. […] 결정적인 것은 기본소득의 특징이 우리가 직접민주주의를 통해서나 경험할 수 있는 투명함과 간명함에 있다는 점이다. […] 기본소득을 향한 자극적이고도 복잡한 문제제기들은 대부분 한껏 부풀려진 것들이다. 이런 문제제기에는 차라리 귀를 기울이지 않는 편이 낫다."[21]

클라우스 벨러스호프 (독일의 경제학자)

낡은 틀을 깨부수다

"기본소득을 위한 시민운동이 우리들의 신성한 우상들을 도살하고 있다. '일하지 않는 자는 먹지도 말라'는 우리의 금과옥조를 짓밟고 있다. 하지만 그들을 비난할 수만은 없다. 그들은 의미 있는 노동과 의미 없는 노동에 관해서, 나아가 착취와 권리에 관해서 질문을 던진다. 집에서 아이와 노인을 돌보거나 장애를 가진 이웃을 돕거나 앞마당의 꽃을 가꾸는 일에는 왜 아무런 대가가 지불되지 않아야 하는지를 묻는다. 사회보장체계와 자본주의의 한계에 대해서도 질문을 던진다. […] 스위스가 논쟁에 빠졌다. 멋지지 않은가!"[22]

리나르트 바딜 (스위스의 음악가이자 작가)

노동의 의미를 회복하다

"낮은 임금을 받는 일을 하는 사람들이라 할지라도, 대부분의 사람들은 일을 하면서 자신이 세상에 뭔가 기여하고 있다는 기쁨을 느낀다. 하지만 유감스럽게도 오늘날 노동의 세계는 돈에만 지나치게 초점이 맞추어져 있다. 환자를 돌보는 일조차 분초를 따져가며 임금이 지불된다. 기본소득은 우리로 하여금 생존에 대한 불안감 없이 노동의 의미를 돌아볼 수 있게 해줄 것이다. 스스로 중요하다고 생각하는 일에 우리의 시간을 쓸 수 있게 될 것이다. 이제 노동이 과연 우리의 삶에 어떤 의미를 가지는지를 진지하게 돌아볼 때가 되었다."[23]

유디트 조반넬리블로허 (스위스의 사회사업가이자 작가)

일자리가 아니라 자유를 만들어야 한다

"조건 없이 모두에게 지급되는 기본소득이 시행되면 노동은 더 이상 생존을 위한 활동이 아니라 […] 그보다 훨씬 더 중요한 활동으로 변모하게 될 것이다. 노동 그 자체의 의미를 실현하고, 개인의 삶이든 공동체의 삶이든 삶의 질을 향상시키는 활동으로 말이다. 이제는 일자리를 만드는 것이 아니라, 자유를 만드는 것이 사회적인 것이다. 필요하고 옳다고 생각하는 것을 하는 것이 자유이기 때문이다."[24]

랄프 보에스 (독일의 기본소득 활동가)

강제 규정이 사라질 것이다

"고용관리센터에서 제공한 일자리를 거부할 경우에 실업급여를 삭감할 수 있게 한 강압적인 노동시장 개혁방안 하르츠 IV는 인간의 존엄성을 침해하는 명백한 악법이다. 이런 이유 때문에 나는 오래전부터 이 법안을 폐지하기 위해 노력해왔다. [...] 몇 년 전부터 나는 조건 없는 기본소득을 도입하는 데 활동의 초점을 맞추고 있다. 조건 없는 기본소득이 시행되면 무엇보다도 하르츠 IV와 같은 강제 규정이 사라질 것이기 때문이다."[25]

한스크리스티안 슈트뢰벨레 (오스트리아 녹색당 소속 정치인)

생존에 대한 불안의 종식

"나에게 가장 중요한 것은 다음과 같은 세 가지이다. 첫째, 기본소득이 시행되면 우리 사회에서 생존에 대한 불안이 사라질 것이라는 점이다. [...] 둘째, 우리 사회에 실질적인 민주주의가 실현되는 데 조건 없는 기본소득이 적잖게 기여하게 될 것이라는 점이다. [...] 셋째, 조건 없는 기본소득이 변혁을 위한 하나의 프로젝트로 작용할 수도 있다는 점이다. 물론 기본소득을 통해 자본주의가 극복될 것이라는 보장은 어디에도 없다. 하지만 기본소득이 시행되면 경제민주화를 실현하기 위한 투쟁이 적어도 지금보다는 손쉽게 이루어질 수 있을 것이라는 점만큼은 분명하다."[26]

카트야 키핑 (독일 좌파당 소속 정치인)

시장경제가 인본주의적으로 변모할 것이다

"조건 없는 기본소득은 기본권에 해당하는 우리 각자의 몫과 삶의 안전을 보장한다. 그래서 생존에 대한 불안 없이 살아갈 수 있게 될 것이다. 나아가 개인의 자유가 지금까지는 보장되지 않았던 영역까지 확대될 것이다. 모두가 안정된 경제적 기반 위에서 자신이 원하는 대로 자신의 삶을 만들어갈 것이다. 시장경제도 조건 없는 기본소득을 통해 더 사회적인 성격을 띠게 될 것이다. 모두에게 똑같은 크기의 삶의 기초가 제공되지만, 남들보다 더 많은 재산을 가지고 싶은 사람이 있다면 더 많이 일해서 남들보다 많은 재산을 모을 수도 있을 것이다."[27]

주자네 비스트 (독일의 기본소득 활동가)

관료주의의 해체

"관료주의나 국가주의의 요소에 대해 심한 거부감을 가진 사람들에게 조건 없는 기본소득의 장점을 설득하기란 결코 어렵지 않다. 조건 없는 기본소득이 시행된다면 일할 능력이 있는 사람인지 아닌지, 지원을 받아야 할 정도로 생활 형편이 진짜 어려운 사람인지 아닌지 따위를 국가가 일일이 조사하고 검열하는 과정들이 불필요해진다. […] 그 결과 노동시장에서 가장 중요한 자유가, 다시 말해서 '아니오'라고 말할 수 있는 자유가 실현될 것이다. 물론 하기 싫은 일을 해서라도 더 많은 돈을 벌고 싶은 사람에게는 […] 당연히 '예'라고 말할 수 있는 자유도 보장될 것이다."[28]

클라우스 오페 (독일의 사회학자)

세계화 시대의 사회화

"구성원 서로의 신뢰를 바탕으로 하는 기본소득은 [···] 기업경영 활동과 직업 활동, 사회참여 활동을 위한 안전한 기초를 제공해준다. 더불어 사회의 국가화가 멈추고, 이제는 국가가 사회화하게 된다. [···] 기본소득을 통한 이러한 변화로부터 진보주의와 보수주의, 사회민주주의와 시장자유주의가 서로 연결된다. 이렇게 기본소득이 시행되면 우리는 비스마르크 식의 사회복지국가가 점점 더 시대착오적인 것으로 바뀌어가고 있는 세계화의 시대를 헤쳐갈 수 있는 힘을 얻을 수 있게 될 것이다."[29]

미하엘 오필카 (독일의 사회학자)

산업합리화의 열매

"우리 사회는 기술적·사회적 혁신을 포기하지 않을 것이며, 포기해서도 안 된다. 그리고 그 결과로 산업합리화의 진전도 피할 수 없게 될 것이다. 하지만 기존 노동사회의 테두리 안에서는 이 진전된 산업합리화의 열매를 사회구성원 모두가 공정하게 나누어 가질 수 없다. 새로운 형태의 노동사회가 모색되지 않는다면 치솟는 실업률과 함께 우리 사회는 일자리를 둘러싼 극심한 갈등을 겪을 수밖에 없다. [···] 기본소득이 생계를 유지하기 위한 노동이 우리를 부지런하게 만들었던 것보다 우리를 덜 부지런하게 만들지는 않을 것이다. 본질적으로 인간은 일하는 존재이기 때문이다."[30]

테오 베너 (스위스의 노동심리학자)

이상적인 사회를 향한 혁명

"사회복지를 지향하는 시장경제와 연대적인 시민급여는 실패의 위험을 무릅쓰고 뭔가를 시도해 보려는 개인의 의지를 강화한다. 어떤 경우라도 생존 자체가 위험에 빠지지는 않을 것이라는 믿음은 두려움 없이 새로운 것을 시도해 볼 수 있는 힘을 가져다준다. 우리에게 힘을 주는 것은 강요와 통제가 아니라 믿음과 격려이다. 연대적인 시민급여는 안락한 소파가 아니라 일종의 도약대다. […] 지금 우리에게 필요한 것은 사회정치적인 혁명을 향한 용기이다."[31]

디터 알트하우스 (독일 기독교민주연합 소속 정치인)

사후 지원이 아니라 사전 예방이 필요하다

"새로운 삶의 방식을 고려하는 사회복지 정책은 도움이 필요한 사람들을 지원하는 것으로 역할이 제한되어서는 안 된다. 무엇보다 먼저 사람들이 도움이 필요한 상태에 빠지는 것을 막는 것이어야만 한다. 말하자면 사후에 지원하는 것이 아니라 사전에 예방하는 것, 뒤에서 돌보는 것이 아니라 각자의 삶의 결정권을 각자에게 넘겨주는 것이어야 한다. 요컨대 자선기부금을 나누어 주는 것이 아니라, 기회를 열어 주는 것이어야 한다. 기본소득은 지금까지 사회복지 정책을 수행하기 위해 투입되었던 엄청난 행정비용을 크게 절감하면서, 동시에 어떤 전제된 조건이나 바라는 대가도 없이 모두에게 똑같이 사회문화적인 생존의 기반을 제공한다. 이러한 기본소득이 바라보는 곳은 현재가 아니라 미래이다."[32]

토마스 슈트라우바어 (스위스의 경제학자)

무릎 꿇지 않는 삶을 위하여

"이제 우리 노동조합들은 완전고용이라는 우리의 목표를 새롭게 규정해야 할 것 같다. 아마도 이렇게 말해야 할 것이다. 완전고용이란 모두가 임금노동에 종사하는 것을 의미하는 것이 아니라, 모두가 자신이 하고 싶은 일을 하며 살아가는 것을 의미한다고 말이다. […] 조건 없는 기본소득은 일정 기간 동안 도움과 지원을 받아야 하는 사람들로 하여금 더 이상 무릎을 꿇을 필요 없이 […] 미래의 삶을 찾아 똑바로 서서 걸어갈 수 있는 기반을 만들어준다."[33]

쿠르트 레고츠 (스위스 노동조합 활동가)

수수방관하는 정당들

"사회보장체계를 노동과 분리해 기존의 노동사회를 개조해야 할 필요가 있다는 사실을 우리는 모두 잘 알고 있다. 그리고 우리는 모두 기본소득과 시민급여에 관해 고민하고 있다. 하지만 어찌된 노릇인지 정당들은 팔짱을 낀 채 먼 산만 바라본다. […] 사회보장체계로부터 지원을 받는 사람들은 점점 늘어나고, 사회보장 분담금을 지불하는 사람들은 점점 줄어들고 있다는 사실도 우리는 잘 알고 있다. 사회보장체계의 개조는 불가피하다. 그런데도 어느 누구도 이 문제에 관해 이야기하려 않는다. 암 환자를 두고 성형수술만 하고 있는 것이나 마찬가지인 꼴이다."[34]

리하르트 다비트 프레흐트 (독일의 철학자이자 저술가)

승인과 지원을 넘어

"인간을 자극이 필요한 존재로 간주하는 극단적인 시장주의도, 지원을 통한 지속적인 완전고용을 최선으로 간주하는 국가복지주의도 시민들에게 자결권을 가져다주지는 못한다. (이른바 '능동적인 사회복지정책'이라는 이름 아래) '상담'이라는 명분을 내세우고 다가와서 지원의 승인 여부로 위협하는 오늘날의 복지체계는 지금까지의 실패에서 드러나듯이 실질적인 도움으로 이어지지 못하고 있다. […] 우리 사회의 존립은 시민들이 자신에 관해 스스로 결정할 수 있는 자유를 가질 때, 나아가 그러한 기초 위에서 자유롭고 민주적인 질서를 건설할 때에야 비로소 가능하다. 이런 질서의 발전된 모습이 바로 기본소득이다."[35]

자샤 리버만 (독일 사회학자)

존엄성에 관한 문제

"거꾸로 서 있는 사회복지국가를 이제 바로잡을 때가 되었다. 기본소득을 위한 시간이다. 모두에게 800유로를! 더 이상 어느 누구도 지난 시대의 성과지상주의를 원하지 않는다. 돈을 벌기 위해 힘들게 일하는 사람들을 생각한다면 기본소득은 불공정할 수밖에 없다는 문제 제기는 설득력이 없다. 성과와 공정성은 더 이상 오늘날 우리 사회체계의 특징적인 원칙이 아니다. 소득과 성과 사이의 연관성은 존재하지 않으며, 공정성은 어쩌다 드물게 발생하는 우연에 지나지 않는다. 현대의 자본주의는 이러한 가치들을 포기한 지 이미 오래되었다. 기본소득은 이렇게 팽개쳐진 인간의 존엄성을 우리에게 되돌려줄 것이다."[36]

야콥 아우크슈타인 (독일 언론인)

자발성은 더 가치 있는 것을 만든다

"사회에 어떻게 기여할 것인지를 정해주는 대신 그 결정권을 각 개인에게 넘겨주면 훨씬 더 가치 있는 것들이 만들어진다. 인간은 기본적으로 빌붙어 기생하는 자가 되기를 원하지 않는다. 어쩌면 몇몇 사람은 그럴지도 모르지만, 그렇다고 그들에 의한 손실이 사회 전체의 실질적인 손실로 이어지지는 않는다. 감옥과 관련된 한 가지 예를 들어보자. 중범죄자들을 수용하는 특별 감옥도 일반 감옥의 죄수들에게 제공되는 것과 똑같은 음식과 잠자리가 제공된다. 한 가지 차이가 있다면 일반 감옥의 죄수와는 달리 그들에게는 일하는 시간이 주어지지 않는다는 점이다. 노동의 금지가 곧 처벌인 것이다. 이렇듯 인간은 누구나 일하기를 원한다. 그리고 그 일을 통해 무엇인가를 만들어내고 싶어한다."[37]

데이비드 그레이버 (영국의 민족학자)

줄어드는 국가의 짐

"개인적으로 나는 노동과 기초소득의 완전한 분리를 가능케 하는 기본소득 보장안의 추종자이다. [⋯] 이제까지 나는 기본소득보다 나은 방안을 찾지 못했다. [⋯] 조건 없는 기본소득이 시행되면 지금 국가가 처리하고 있는 교육과 주거 등의 많은 것들이 다시 개인의 손에서 해결될 것이다. [⋯] 지금보다 사회는 더 유연해질 것이고, 더 많은 거래가 이루어질 것이며, 더 많은 시장이 생겨날 것이다."[38]

앨버트 벵거 (미국의 벤처캐피털 투자가)

노동의 인간화

"공유 경제나 〔모바일 앱에 기초해 개인 수요자와 개인 공급자가 연결되어 물품이나 서비스가 바로 공급되는〕 온디맨드 경제와 같은 새로운 경제 질서도 조건 없는 기본소득의 도입과 함께 비로소 제대로 작동하게 될 것이다. 중요한 것은 여자든 남자든, 어린아이든 노인이든 우리 모두에게 정해진 액수의 기본소득이 지급됨으로써 누구나 예외 없이 인간으로서의 품위를 지킬 수 있는 삶을 살아갈 수 있게 된다는 점이다. 기본소득은 세상 물정을 모르는 낭만주의자의 망상이 아니다. 로봇과 인공지능이 인간이 하던 일들을 대신하는 새로운 노동세계에서 우리 모두가 안전한 사회적 삶을 누리기 위한 전제조건이다."[39]

필립 뢰페 (스위스 언론인)

인격의 회복

"조건 없는 기본소득은 다른 사람을 나와 같은 한 명의 인격체로 인정하거나 인식할 수 있는가 하는 문제와 관련되어 있다. 만약 인정할 수도, 인식할 수도 없다면 윤리나 도덕은 실체가 없는 것이 되어버린다. 이렇듯 오늘날 우리는 인격을 잃어버리고 서로가 서로에게 일종의 거래대상처럼 되어버렸다. 조건 없는 기본소득은 새롭고 특별한 인간상을 만들려고 하는 것이 아니다. 우리 모두에게 잃어버린 인격을 되돌려주려고 할 뿐이다."[40]

엔노 슈미트 (스위스 화가)

기본소득은 세계를 다시 둥글게 만든다

"평평한 세계는 둥글게 되어야 한다. 조건 없는 기본소득의 핵심적인 측면 가운데 하나는 세계를 다시 둥글게 만든다는 점이다. 물론 기본소득이 모든 질문들에 대한 대답이 될 수는 없다. 하지만 적어도 우리들로 하여금 잘못된 대답에 집중하는 대신에 더 큰 질문에 집중할 수 있게 해 준다. 조건 없는 기본소득은 자발적인 세계를 향한 문화적 출발점이다."[41]

아돌프 무슈크 (스위스 작가)

자유

우리가 아무도 구속하려 않는다면
우리는 얼마나 자유로울까

자유에 대한 강요

조건 없는 기본소득에 반대하는 사람들은 그것이 우리를 자유가 아니라 예속으로 끌고 갈 것이라고 주장한다. 또한 그것은 과도한 사회적 · 정치적 개입이며, 공동체에 지나친 부담을 지우는 것이라고 비판한다. 기껏해야 생활이 어려운 몇 명의 창조적인 사람들을 자유롭게 할 뿐이며, 대부분의 사람들은 불행한 상태에 빠지게 될 것이라고 목소리를 높인다. 근면함 대신에 게으름이, 성과 대신에 무관심이, 빵 굽기 대신에 아이 낳기가 일반화될 것이라고 주장한다.

기본소득이 복지 정책이 아니라 기본권이라는 점, 관료주의의 확대가 아니라 축소라는 점, 노동을 방해하는 것이 아니라 그것을 가능하게 하려는 것이라는 점, 세금을 더 늘리는 것이 아니라 기존의 세금을 다른 방식으로 사용하는 것일 뿐이라는 점 등은 더 이상 꼬치꼬치 따지지 말자. 그렇지만 적어도 예속과 관련된 문제만큼은 한번 자세히 살펴볼 필요가 있을 것 같다. 도대체 기본소득이 우리에게 무엇을 강요한단 말인가?

따지고 보면 조건 없는 기본소득이 우리에게 강요하는 것이 분명히 있기는 하다. 기본소득이 시행되면 싫든 좋든 우리 모두의 앞에 자유가 놓일 것이고, 우리 자신이 포기하지 않는 한은 없어지지 않을 것이다. 기본소득은 자신이 무엇을 하기를 원하는지, 자신의 삶을 어떻게 만들어가고 싶은지 하는 질문과 대답과 결정을 모두 우리 자신에게 넘겨준다. 기본소득은 우리를 예속이 아니라 근본적인 질문으로 이끈다. 이것을 강요라고 표현한다면, 자유에 대한 강요라고 할 수 있을 것이다. 세상은 더 이상 내게 명령을 내리지 않는다. 무엇을 할 것인지, 무엇을 하고 싶은지 스스로 답해야 한다. 성가실 수도 있는 과정이지만, 결코 피하려고 해서는 안 되는 과정이기도 하다. 자신의 삶에 관해 질문을 던지지 않는 사람은 자신만이 아니라 다른 사람에게까지 해를 끼치게 되기 때문이다. 자신의 삶에 관해 스스로 결정을 내리지 못하는 사람은 자신의 고유성도 잃어버릴 수밖에 없다.

작가인 아돌프 무슈크는 이런 상황이 지닌 역사적인 의미에 관해 이렇게 말한다. "서양 세계는 소크라테스의 문답법과 더불어 시작되었다. […] 소크라테스는 그가 던진 질문 때문에 그의 도시에서 사형을 선고받았다. […] 질문이 지닌 이런 위험을 완전히 제거할 수는 없다. 하지만 이런 위험이 있는데도 용기를 가지고 질문을 던질 수 있는 환경을 만들 수는 있다. […] 조건 없는 기본소득은 새로운 문답법의 시대를 열어갈 기반이 될 것이다. […] 조건 없는 기본소득은 새로운 대답을 찾아 나설 수 있는 상상력이라는 이름의 자금을 우리 손에 쥐어준다."[1]

우리에게 자유를 강요하는 기본소득의 의미는 기본소득이 시행되면 부자유에 대한 강요가 줄어든다는 점에서 더욱 분명해진다. 우리에게 자유를 강요하는 기본소득에 대한 두려움은 치과에 가는 것이 무서워서 뽑아야 할 충치를 그냥 내버려 두고 치통으로 몇 날 며칠을 끙끙 앓고 있는 것이나 마찬가지이다.

우리는 풍요의 시대에 살면서도 생각의 빈곤함 때문에 마치 빈곤의 시대에 사는 것처럼 살아가고 있다. 지금 우리가 겪고 있는 이런 고통은 굳이 겪어야 할 필요가 없는 것이라는 점에서 몹시 씁쓸할 수밖에 없는 고통이다. 설령 실제로 빈곤이 문제가 된다고 하더라도 크게 달라질 것은 없다. 서로 격려하고 도우면서 함께 힘을 모아 극복해가면 될 것이기 때문이다.

기본소득이 우리에게 강요하는 것이 있다면 그것은 자유이다. 자유를 지향하는 사회에서 가치 있는 것으로 인정될 유일한 강요가 있다면 그것은 바로 이러한 자유에 대한 강요이다. 조건 없는 기본소득을 통해서 우리는 자유가 지닌 가치들을 더 또렷하게 체험할 수 있게 될 것이다. 억압은 우리가 자유를 움켜쥘 때에야 비로소 움츠러들게 된다. 조건 없는 기본소득은 우리로 하여금 자신이 무엇을 할 것인지 스스로 결정하게 한다. 그래서 부자유에 대한 강요를 이 세상에서 몰아낸다.

이처럼 기본소득은 부자유에 대한 강요에서 자유에 대한 강요로 진화할 수 있게 한다. 기본소득에 반대하는 사람은 인류의 역사가 지난 오랜 세월 동안 극복하고자 열망했던 억압이 존속되기를 바라는 것이나 마찬가지이다. 기본소득에 반대하는 사람은 새로운 생명이 탄생하는 출산의 고통과 충치 때문에 생긴 치통을 혼동하는 사람과 다르지 않다. 조건 없는 기본소득은 우리로 하여금 억압에서 스스로 벗어나 자유로운 존재로 다시 태어나게 한다. 오늘날 우리를 내리누르고 있는 억압은 충치와 같다. 충치는 뽑아내야 한다.

준비통화로서의 신뢰

신뢰는 기본소득과 관련해서 사람들이 가장 꺼리는 문제이다. 정곡을 찌르는 핵심적인 문제이기 때문이다.

신뢰란 우리가 살아가는 데 없어서는 안 될 전제조건이다. 말하자면 생존의 준비통화 같은 것이다. 신뢰가 지닌 이런 성격은 어린아이들에 게서 잘 드러난다. 그들은 세계에 대한 믿음 속에서 자신을 완전히 세계에 맡긴다. 어른들도 크게 다르지 않다. 어른들이 하는 대부분의 행동들도 마찬가지로 다른 사람들에 대한 신뢰를 바탕으로 이루어진다. 우리는 다른 사람에 대한 믿음이 없다면 아마 비행기나 지하철은 물론이고 엘리베이터도 타기 어려울 것이다. 음식을 사서 먹을 때도 마찬가지이다. 돈을 받고 파는 음식이니 독이 들어 있지는 않을 것이라고 믿는다.

세계에 대한 이러한 신뢰는 개성화 과정을 거치면서 약화된다. 세계와 다른 사람에 대한 신뢰를 약화시키고, 그 대신 자신에 대한 믿음을 강화하는 과정을 거치면서 우리는 하나의 개체·주체·개인이 된다. 그러나 이러한 개성화 과정은 그것의 기초가 되었던 사회에 의해 오히려 제어되기도 한다. 다른 사람들과 사회적 관계를 맺으며 살아가면서 다른 사람들 없이는 개인도 존재할 수 없다는 사실을 깨닫게 되는 것이다.

　조건 없는 기본소득은 다른 사람들을 신뢰할 수 있을 때에야 비로소 실현될 수 있다. 아울러 그 자체가 다른 사람에 대한 신뢰를 쌓아갈 수 있는 기초로 작용하기도 한다. 생존의 위협에 직면해 있는 사람은 신뢰를 받기 어렵다. 자신의 생존을 위해 내게 해를 끼칠 수도 있기 때문이다. 생존의 위협에서 자유로운 사람만이 신뢰할 수도 있고, 신뢰받을 수도 있다. 신뢰받지 못하는 사람은 책임감을 갖기도 어렵다. 신뢰를 받을 때에야 우리는 책임감을 느끼면서, 그러한 신뢰를 저버리지 않으려고 노력도 하기 때문이다.

　조건 없는 기본소득은 다음의 두 가지를 가능하게 한다. 하나는 모든 개인을 생존의 위협에서 자유롭게 하는 것이고, 다른 하나는 이를 통해 모든 개인을 신뢰할 수 있는 존재가 되게 하는 것이다. 어떤 경우라도 생존의 위협에서 자유로울 수 있는 사람은 불신의 문제로부터도 자유로울 수 있다. 조건 없는 기본소득은 생존의 문제 때문에 다른 사람을 신뢰하기도, 진실을 말하기도 어려운 오늘날의 부조리한 상황을 뒤엎어서 서로가 서로를 신뢰할 수 있는 기반을 마련해 준다.

안전한 사람이 자유롭다

　자신이 안전하다고 생각하는 사람은 움츠러들지 않는다. 안전하다는 믿음은 자기 안에 또 하나의 공간을 만든다. 그 공간은 자유라는 이름의 공간이다.

안전하다는 믿음은 자유라는 공간을 만들어내지만, 안전에 대한 불안은 또 다른 불안을 만들어냄으로써 하나의 감옥이 된다. 안전하다는 믿음은 자유의 기반이 되지만, 안전에 대한 불안은 종속의 원인이 된다. 따라서 안전에 대한 불안에 휘둘리지 않는 굳건함도 필요하지만, 무엇보다 중요한 것은 안전하지 못한 상황에 내재되어 있는 위험요소들을 찾아내는 일이다. 재난으로 이어질 수 있는 위험요소들을 찾아내서 재난을 미리 방지할 수 있는 안전장치를 마련해야 하기 때문이다. 이것이 우리의 삶을 예속으로부터 자유롭게 하는 길이다.

재난이 발생한 뒤에야 작동하는 것은 제대로 된 안전장치라고 할 수 없다. 안전장치는 재난을 미리 방지할 수 있어야 한다. 전기합선으로 화재와 폭발이 발생한 뒤에야 퓨즈가 작동한다면, 그 퓨즈는 안전장치로서의 의미를 지니지 못할 것이다.

예상치 못한 사고 때문에 발생한 손해를 보상받기 위해 우리는 다달이 일정한 금액을 내며 보험에 든다. 이런 보험도 재난에서 비롯된 고통으로부터 우리를 지켜주는 것임에는 틀림이 없다. 오늘날에는 보험도 일종의 투기처럼 되어버리기는 했지만, 그것과는 별개로 여러 사람들이 지불한 돈으로 사고를 당한 개인의 손해가 보상된다는 점에서 보험도 기본적으로는 연대의 원칙 위에서 작동한다.

보험은 손해에 관해서는 매우 유용하다. 하지만 생존은 손해의 문제가 아니다. 그러므로 조건 없는 기본소득은 보험이 아니다. 재난에서 비롯된 손해를 보상하는 것이 아니라, 재난이 일어나지 않게끔 하기 위한 것이기 때문이다. 곧 오늘날의 사회복지체계가 일종의 보험이라면, 조건 없는 기본소득은 생존에 대한 안전장치라고 할 수 있다.

안전이 우리에게 자유를 가져다주는가? 그렇다. 어떤 경우라도 생존이 위험해지지는 않을 것이라는 믿음은 우리에게 하고 싶지 않은 일을 하지 않을 수 있는 자유를 가져다준다. 나아가 그것은 우리에게 자신이 하고 싶은 많은 것들을 할 수 있는 자유도 가져다준다. 이것이 기본소득이 우리에게 제시하는 자유의 약속이다.

돈, 자유를 위한 상품권

돈은 일종의 상품권이다. 하지만 상품권은 돈이 아니다. 돈은 돈으로 살 수 있는 모든 것에 사용할 수 있는 상품권이다. 돈으로 무엇을 살지를 선택하는 권한은 돈을 가진 사람의 손에 놓여 있다. 하지만 상품권은 단지 지정된 상품으로만 바꿀 수 있다. 커피 상품권으로 커피를 마실 수는 있지만, 맥주를 마실 수는 없다. 상품권을 가진 사람이 그 상품권으로 무엇을 할 수 있는지는 상품권을 준 사람에 의해 미리 결정되어 있다. 상품권을 가진 사람한테는 그 문제에 관해서 결정하거나 선택할 여지가 별로 없다.

누군가에게 선물을 해야 할 때 우리는 상품권을 사서 주고는 한다. 이 경우에도 마찬가지로 선물로 받은 상품권으로 무엇을 할지는 그 상품권을 준 사람에 의해 미리 결정되어 있다. 하지만 돈으로는 그 돈을 가진 사람이 하고 싶은 것을 뭐든지 할 수 있다. 돈으로는 영화를 볼 수도 있고, 밥을 먹을 수도 있다. 하지만 영화 상품권으로는 영화만 볼 수 있을 뿐이지, 연극을 보거나 밥을 먹으러 갈 수는 없다.

만약 기본소득이 우리가 살아가는 데 꼭 필요하다고 생각되는 것들로 채워진 꾸러미로 바꿀 수 있는 상품권의 형태로 지급된다고 가정을 해 보자. 이것은 각 개인들에게 필요한 것이 무엇인지를 국가가 다 알아서 미리 결정해준다는 사실을 뜻한다. 이는 국가가 개인에 대해 가지고 있는 불신을 나타내는 것이며, 실은 바로 이것이 국가가 개인에 대해 후견인의 역할을 자처하며 나서는 까닭이기도 하다.

이처럼 상품권이 후견을 위한 돈이라면, 돈은 자유를 위한 상품권이라고 할 수 있다.

사람들이 자유롭지 않은데
시장이 어떻게 자유로울 수 있을까

우리는 더 이상 가족경제의 틀 안에서 살고 있지 않다. 지금 우리는 시장경제의 틀 안에서 살고 있다. 오늘날 내가 생산하는 것들은 나와 내 가족이 아니라, 다른 누군가를 위한 것이다. 시장은 분업이 멀찌감치 떼어놓았던 생산자와 소비자를 다시 한 곳으로 불러 모아 서로 만나게 한다.

"자유란 하고 싶은 것을 할 수 있는 것이 아니라, 하고 싶지 않은 것을 하지 않을 수 있는 것을 말한다." 프랑스혁명의 사상적 기반이 되었던 계몽주의자 장자크 루소가 한 말이다.[2]

루소가 말한 자유를 기준으로 하면, 오늘날 우리의 노동시장은 자유롭지 못하다. 우리는 생존의 위협에서 벗어나지 못했으므로 좋든 싫든 노동시장에 참여해야만 하기 때문이다. 사지 않을 수도 팔지 않을 수도 있는 시장이 자유로운 시장인 것처럼, 자유로운 노동시장도 마찬가지이다. 하고 싶지 않은 일이라면 그 일을 하지 않을 수 있어야 한다. 조건 없는 기본소득은 실질적인 노동계약의 자유를 보장해서 우리에게 자유로운 노동시장을 가져다줄 것이다.

오늘날 우리 시대의 이른바 자유시장이 말하는 자유는 루소가 말한 자유와는 다르다. 그것은 더 많은 이윤을 획득하기 위해서라면 어떤 것도 돌아볼 필요가 없는 자유, 다시 말해서 신자유주의의 자유일 뿐이다.

신자유주의자들은 기본소득이 이러한 시장의 원칙을 깨트린다고 비난한다. 그들은 모두의 생존이 보장된다면 어떻게 자유로운 경쟁이 이루어질 수 있겠느냐고, 잃는 사람이 없다면 어떻게 얻는 사람이 있을 수 있겠느냐고, 보장된 자유가 자유로서 어떤 가치를 가질 수 있겠느냐고 목소리를 높인다. 그리고 자유는 성과를 올린 자에게 주어지는 선물 같은 것이라고, 언제든지 더 매력적인 일자리로 옮길 수 있는 오늘날의 노동시장이 어째서 자유로운 시장이 아니냐고 떠들어댄다.

이와 같은 신자유주의의 관점은 조건 없는 기본소득의 관점과는 정면으로 대립된다. 다른 사람을 이기는 것이 자유일 수는 없다. 자유는 힘센 자, 이긴 자의 권리가 아니다. 오히려 그 반대이다. 자유는 다른 사람에 대한 배려 속에서만 비로소 실현될 수 있다. 이것은 낭만적인 환상이 아니다. 철학자 한병철은 자유에 관해 이렇게 말했다. "자유는 기본적으로 관계와 관련된 개념이다. 우리는 다른 사람과 성공적인 관계를 이룰 때에, 나아가 다른 사람과 행복한 시간을 함께 보낼 때에 비로소 진정한 자유를 느낀다."[3]

다른 사람의 자유를 고려하지 않는 자는 자신의 자유도 주장해서는 안 된다. 모두가 생존의 위협으로부터 자유로울 때에야 비로소 경쟁은 비극이 아니라 성과로 이어질 수 있다. 우리 모두가 생존을 넘어서서 뛰어난 성취를 추구할 수 있게 되면, 신자유주의의 허울뿐인 '자유시장'도 명실상부한 '자유로운 시장'으로 바뀌게 될 것이다.

소비의 자유로부터의 자유

소비의 자유는 뭐든지 살 수 있다는 것을 뜻하지 않는다. 구매를 강요받지 않는 것, 다시 말해서 내가 무엇을 살 것인지를 스스로 결정할 수 있는 것이 소비의 자유가 지닌 진정한 의미이다.

이런 소비의 자유가 실현되려면 최대한 자유롭고 독립적으로 무엇을 살 것인지를 결정할 수 있는 구매력을 가지고 있어야 한다. 만약 가진 돈이 적다면 값싼 물건을 살 수밖에 없다. 싸고 품질까지 좋다면 더할 나위가 없겠지만, 세상에 그런 일은 드물다. 그래서 품질보다는 가격을 먼저 따질 수밖에 없으므로, 오늘날 우리들의 소비는 대체로 필요에 따라 이루어진다기보다는 가격에 따라 이루어진다.

특별할인! 바겐세일! 이벤트 상품! 지금 당장 필요한 것이 아니더라도 그토록 싸게 판다는데 도대체 어느 누가 마다할 수 있겠는가? 뭔가를 싸게 산다는 것은 기분 좋은 일이다. 할인된 가격이라는 것도 따져보면 그 안에 우리가 내야 할 세금이 고스란히 포함되어 있고, 판매자가 미리 세워 놓은 계획에 따라 매겨진 가격이라는 사실을 모르는 것이 아닌데도 왠지 기분이 좋다. 특별한 혜택을 받은 것만 같고, 내가 아주 영리한 사람 같은 느낌이 들기도 한다. 꼭 필요하지도 않은 물건들을 사들이면서도 이득을 보고 있다는 느낌에 가슴이 행복감으로 벅차오른다.

이런 이른바 '친절한 가격'은 내가 친한 사이라는 이유로 판매자한테 물건값보다 돈을 더 얹어주는 것이 아니다. 물건을 사주는 좋은 손님이라고 판매자가 내게 물건값을 깎아주는 것이다.

그런데 이런 일이 왜 일어나는 것일까? 고마워해야 한다면 필요한 것을 공급해 주는 판매자한테 내가 고마워해야지, 왜 판매자가 나한테 고마워하는 것일까? 왜 나는 물건을 싸게 사면 기분이 좋은 것일까? 돈을 더 많이 내면서 기분이 좋을 수는 없는 것일까?

무엇보다 우리가 먼저 이해해야 할 것은 우리가 필요로 하는 것을 우리에게 공급해주는 사람들은 친구면 친구이지 원수는 아니라는 사실이다. 이렇게 보면 내게 필요한 물건들을 만들어준 사람들한테 물건값을 한 푼이라도 더 깎으려고 할 것이 아니라, 오히려 고마운 마음에 한 푼이라도 더 얹어주려고 해야 옳을 것이다.

조건 없는 기본소득은 우리가 실질적인 주권자로서 소비와 관련된 결정을 내릴 수 있게 한다. 광고에 현혹되지 않는 저항력을 높여주어서 우리가 품질·지속가능성·공정거래의 원칙에 따라 소비할 수 있게 해줄 것이다. 나아가 지금까지 생산자와 소비자 사이의 사회적 연결고리를 가리고 있던 장막을 걷어내서, 우리가 눈먼 할인성품 사냥꾼이 아니라 사려 깊은 소비자로 거듭날 수 있게 해줄 것이다.

꼭 필요하지는 않은 것도 꼭 필요한 법이다

스페인의 문화철학자 호세 오르테가 이 가세트는 '꼭 필요한 것'과 '꼭 필요하지는 않은 것'을 이렇게 구분한다. 꼭 필요한 것이란 우리가 생명을 유지하는 데 없어서는 안 될 것들이다. 예컨대 영양분을 공급받는 음식, 비를 피할 지붕, 추위를 막을 옷과 같은 것들 말이다. 꼭 필요하지는 않은 것은 그 밖의 다른 것들, 예컨대 문학 · 음악 · 철학 · 예술 · 학문 · 종교와 같은 것들이다. 곧 문화와 관련된 것들이라고 할 수 있다.

그러나 오르테가 이 가세트는 이런 일반적인 구분에서 멈추지 않고 더 나아가서 사람이 살아가는 데 꼭 필요하지 않은 것들도 꼭 필요하다고 말한다.[4] 이 말이 도대체 무슨 뜻일까?

사실 자연의 왕국에서조차도 모든 것이 단지 꼭 필요한 것에 의해서만 지배되지는 않는다는 사실은 이미 오래 전부터 알려져 있었다. 새들이 지저귀는 아름다운 노랫소리에 여름 숲의 푸르름은 더욱 짙어진다. 음악이 식물의 생장을 촉진한다는 사실은 일찍이 다윈도 이미 지적한 바 있다.

오르테가 이 가세트에 따르면, 인간은 여기에서 한 걸음 더 나아가 꼭 필요하지는 않은 것들을 열과 성을 다해가며 능동적으로 추구하는 존재이다. 고대의 칠현금 연주에서부터 현대의 서정시 창작에 이르기까지, 피라미드 건축에서부터 에펠탑 건축에 이르기까지, 인간은 살아가는 데 꼭 필요한 것들까지 줄여가면서 온몸을 바쳐 꼭 필요하지는 않은 것들에 매달려왔다.

만약 꼭 필요하지는 않은 것들이 없다면 인간은 어떻게 될까? 살아가는 데 꼭 필요한 것들을 모두 가지고 있는 누군가가 소파에 쪼그리고 앉아서 하루 종일 텔레비전만 봐야 한다면, 아마 그는 얼마 지나지 않아 극심한 우울증에 빠지고 말 것이다. 사람들이 자살이라는 극단적인 선택을 하는 이유도 배고픔 때문이 아니다. 실연·신념·약물에 의한 도취·실망감·질병·절망감 때문이다. 복지 상태가 좋아질수록 자살률이 떨어지지 않고 오히려 높아진다는 사실은 오르테가 이 가세트의 말을 뒷받침한다. 이렇듯 사람이 살아가는 데는 꼭 필요하지는 않은 것도 꼭 필요한 법이다.

그렇다면 기본소득은 어떤가? 그것은 꼭 필요하지는 않은 것인가? 다행스럽게도 그렇지는 않다. 꼭 필요한 것들을 보장하기 위한 것이라는 점에서 기본소득도 꼭 필요한 것에 속한다. 꼭 필요한 것들이 없는 상태에서도 꼭 필요하지는 않은 것들이 필요할까? 당연히 그렇지 않다. 오르테가 이 가세트의 말을 따른답시고 기아에 허덕이는 난민들한테 연주회를 열어주는 것은 적절치 못한 일일 것이다. 조건 없는 기본소득의 목표는 꼭 필요하지는 않은 것들을 제공해서 행복을 강요하려는 것이 아니다. 꼭 필요한 것들을 보장해서, 꼭 필요하지는 않은 것들이 구현될 수 있는 기초를 마련하려는 것일 뿐이다.

1793년 11월 11일 프리드리히 실러는 덴마크의 왕자 프리드리히 크리스티안 폰 아우구스텐부르크에게 보낸 편지에 이렇게 썼다. "아직 세상에는 따뜻하게 살고 배불리 먹을 수 있는 사람은 매우 적습니다. 우리가 우리의 내면으로부터 더 나은 자연의 싹을 틔울 수 있으려면 따뜻하게 살고 배불리 먹을 수 있어야 합니다."[5]

꼭 필요한 것들은 자연과 기술로부터 얻을 수 있지만, 꼭 필요하지는 않은 것들은 이렇게 얻어낸 꼭 필요한 것들을 바탕으로 우리 스스로가 만들어내야 한다. 인간은 단지 생명만을 유지하기 위해 살아가는 존재가 아니다. 인간에게는 꼭 필요하지는 않은 것도 꼭 필요하다. 그리고 꼭 필요하지는 않은 것들, 요컨대 인간적인 것들은 안전한 생존이라는 기반 위에서만 비로소 구현될 수 있다.

나와 다른 동물들

옳다고는 느껴지지만 확신할 수는 없을 때 사람들은 실험을 한다. 조건 없는 기본소득이 시행되면 사람들은 어떻게 행동할까? 물론 이 질문에 대한 답은 수학적으로 계산할 수 없는, 수많은 사람들의 수없이 다양한 미래의 행동들에 달려 있다. 그러므로 결코 일반화해서 답변이 이루어질 수 있는 성질의 것이 아니다.

그렇지만 미래에 달려 있는 그 답을 어느 정도 짐작해 볼 수 있는 실마리가 전혀 없는 것은 아니다. 미국의 심리학 교수 해리 할로우가 여덟 마리의 붉은털 원숭이와 함께 했던 퍼즐놀이 실험은 기본소득과 관련해 우리에게 시사해주는 것이 적지 않다.

할로우가 알고 싶었던 것은 영장류의 학습 능력과 그 과정이었다. 당시 주류를 이루고 있던 행동주의 이론에 기초해서 대부분의 사람들은 영장류의 능동적인 행동이 먹이와 생식이라는 두 가지 자극요인에 기초해 이루어진다고 생각하고 있었다. 그리고 보상을 통해 영장류의 학습이 더 효과적으로 수행될 수 있다고 여겼다. 하지만 할로우의 원숭이들은 아무런 보상이 없었는데도 훌륭하게 임무를 수행하는 놀라운 결과를 보여주었다. 더 놀라운 점은 더 큰 성과를 올리게 하려고 건포도를 보상으로 주자 그들은 오히려 놀이에 대한 흥미를 잃어버리고 실수를 자주 저지르기 시작했다는 사실이다. 이와 같은 원숭이들의 반응에 당황한 할로우는 그의 실험노트에 먹이와 생식을 뛰어넘어 영장류의 행동에 근원적인 동기를 부여하는 '제3의 힘'을 설정해야만 할 것이라고 적었다.[6]

20년 뒤에 또 다른 연구자가 할로우의 연구를 이어받았다. 이번에는 실험의 대상이 원숭이가 아니라 사람이었다. 미국의 사회심리학자 에드워드 데시는 주사위 놀이에 참가한 실험 대상자들에게 성과를 올리면 보상을 주겠다고 약속했다. 물론 이번에는 그 보상이 건포도가 아니라 돈이었다. 결과는 다음과 같았다. 실험 대상자들은 성과를 올리고 보상을 받은 뒤에는 놀이 자체에 아무런 흥미도 보이지 않았다. 심지어 보상 없이는 놀이에 참가하려고도 하지 않았다. 보상이 놀이에 대한 그들의 순수한 흥미를 빼앗아간 것처럼 보였다.[7]

데시가 했던 다른 실험에서도 똑같은 결과가 나타났다. 두 그룹으로 나뉜 대학생들이 세 단계로 이루어진 퍼즐게임에 참가했다. 첫 번째 단계에서는 두 그룹 모두에게 어떤 보상도 제시하지 않고 게임을 진행했다. 그러나 두 번째 단계에서는 한 그룹한테만 문제를 해결하면 돈을 주겠다고 보상을 약속하고 게임을 진행했고, 세 번째 단계에서는 다시 두 그룹 모두에게 아무런 보상도 제시하지 않고 게임을 진행했다. 결과는 다음과 같았다. 두 번째 단계에서 보상을 약속받았던 그룹의 학생들은 보상이 없는 세 번째 단계에서는 다른 그룹의 학생들보다 눈에 띄게 빨리 문제 풀기를 포기하는 모습을 보였다.[8]

할로우가 말했던 '제3의 힘'은 오늘날 '내적 동기'라는 이름으로 알려져 있다. 사실 조건 없는 기본소득이 우리에게 던지고 있는 질문은 할로우와 데시가 던졌던 질문과 그리 다르지 않다. 일과 성과에 대한 강요가 우리에게서 내적 동기를 빼앗아가고 있는 것은 아닐까? 노동의 즐거움은 임금을 위해서 일할 때가 아니라, 내가 원하는 일을 스스로 원해서 할 때에만 비로소 느낄 수 있는 것이 아닐까?

조건 없는 기본소득에 관해 언제든지 손쉽게 할 수 있는 가장 포괄적인 실험은 설문조사이다. '소득이 보장되더라도 당신은 일을 할 것입니까?' 사실 이미 수십만 명이 넘는 사람들한테 던져졌던 질문이다. 이 질문에 대해 거의 모든 사람들이 소득이 보장되더라도 일을 할 것이라고 대답했다. 게다가 대부분의 사람들이 지금 하고 있는 일을 계속할 것이며, 일과 무관하게 소득이 보장되면 일도 더 잘하게 될 것이라고 대답했다. 계속 같은 일을 하겠지만, 일하는 장소나 회사는 옮기겠다고 대답한 사람도 적지 않았다. 평생교육의 가능성과 스트레스의 경감과 관련이 있는 대답이 많았다는 것도 눈여겨볼 만한 점이다.

그런데 희한하게도 똑같은 질문을 거꾸로 뒤집어서 던지면 대답이 달라진다. '만약 소득이 보장되더라도 다른 사람들이 일을 할 것이라고 생각합니까?' 자신은 일을 계속할 것이라고 대답했던 사람들조차도 다른 사람들은 일을 하지 않을 것이라고 대답했다.

이처럼 우리는 자신에 대해서는 따뜻한 시선으로 바른 인간의 이미지를 부여하지만, 가혹하게도 다른 사람에 대해서는 난폭한 짐승의 이미지를 부여한다. (독일의) 경제 잡지인 『브란트아인스Brand eins』의 '숫자로 읽는 세계Die Welt in Zahlen' 난에서 우리의 이런 모습을 뚜렷이 확인할 수 있다. "조건 없는 기본소득이 도입되더라도 일을 할 것이라고 대답한 사람의 비율 : 90퍼센트. 조건 없는 기본소득이 도입되면 다른 사람들이 일을 하지 않을 것이라고 대답한 사람의 비율 : 80퍼센트."[9]

사실 조건 없는 기본소득은 지금까지의 상태로부터 작은 변화만을 요구할 뿐이다. 살아가는 데 꼭 필요한 소득을 모두에게 보장하자는 것이 도대체 뭐가 그리 위험하단 말인가? 인간은 자기 자신에 대해, 나아가 다른 사람에 대해 생각하는 것처럼 그렇게 되는 존재이다.

이런 실험을 해 볼 수도 있을 것이다. 처음 한 달 동안은 조건 없는 기본소득을 받게 되면 내게 어떤 상황이 펼쳐질지를 상상해 보는 것이다. 조건 없는 기본소득이 시행되면 내가 어떤 새로운 결정들을 하게 될지 글로 적어 보자. 그리고 한 달이 지난 뒤에 중간평가를 해 보자. 당신은 게을러졌는가, 아니면 삶이 생산적으로 변했는가? 기본소득은 당신의 결정이나 감정에 어떤 영향을 끼쳤는가? 기본소득 때문에 나타난 당신의 변화가 당신 주변의 사람들에게는 어떤 영향을 끼쳤는가?

두 번째 달에는 당신 주변의 사람들이 조건 없는 기본소득을 받는다면 당신의 삶이 어떻게 달라질지를 상상해 보는 것이다. 그들은 당신에게 스트레스를 주는 사람으로 변했는가, 만나고 싶은 사람으로 변했는가, 아니면 구제불능인 사람으로 변했는가? 기본소득 때문에 나타난 그들의 변화는 당신에게 어떤 영향을 끼쳤는가?

세 번째 달에는 당신 주변의 사람들에게 조건 없는 기본소득이 시행되면 그들의 삶이 어떻게 달라질 것 같은지를 묻고, 그들의 대답을 글로 적어 보는 것이다. 그리고 그들이 생각하는 그런 변화들이 당신의 삶에 어떤 영향을 끼칠지를 생각해 보는 것이다. 당신이 생각하기에 조건 없는 기본소득이 지닌 긍정적인 점은 무엇이고, 부정적인 점은 무엇인가?

만약 당신이 살고 있는 곳에서 기본소득을 도입하는 문제를 놓고 국민투표를 실시한다면, 적어도 투표를 하기 3개월 전에는 이런 실험을 해보는 것이 좋을 것이다.

도움은 없는 것이 낫다

"나는 조건 없는 기본소득이 비윤리적인 발상이라고 생각한다."[10] 스위스의 싱크탱크로 일컬어지는 아베니르스위스 연구소의 기획책임자 루카스 륄리가 한 말이다. 그가 내세운 주장의 근거는 다음과 같다. "공정성이라는 관점에서 보자면 스스로 자신의 삶을 꾸려가기 힘든 사람들에게는 도움을 주어야 할 것이다. 하지만 스스로 자신의 삶을 꾸려갈 수 있는 사람들에 대해서는 자신의 삶을 스스로 꾸려가도록 촉구하는 것이 올바른 일이라고 나는 생각한다."

그의 주장은 우리에게 윤리와 공정성, 도움에 관해 말하고 있다. 륄리는 조건 없는 기본소득을 기본권이 아니라, 하나의 사회복지제도나 사회적 구호 활동 정도로 이해하고 있는 것이다.

어려운 처지에 있는 사람을 돕는 것은 인간의 기본적인 행동 가운데 하나이다. 중세에는 자선 행위가 일종의 덕을 쌓는 행동으로 여겨졌다. 오늘날에도 대부분의 종교들은 자선 행위를 일종의 의무처럼 여기고 있다. 계몽과 산업화의 결과로 개인적인 자선 행위는 정치적인 사회보장 시스템으로 변화했다. 19세기 말에 이르러 오토 폰 비스마르크가 이른바 비스마르크 식의 사회복지국가의 길을 개척했다. 이것은 커다란 진보를 의미했다. 개인적인 자선 행위가 정치적이고 사회적인 구호 활동이 되었으며, 그 과정에서 다양한 사회복지제도를 갖춘 현대적인 사회복지국가가 확립되었다.

그렇지만 중세의 개인적인 자선 행위이든 현대의 정치적·사회적 구호 활동이든 어쨌든 도움이 베풀어지는 곳에서는 당연히 도움을 주는 사람과 도움을 받는 사람의 관계가 형성될 수밖에 없다.

〔4세기 프랑스 투르의 주교였던〕 성 마르티누스는 자비심의 전형으로 여겨지는 성인이다. 그는 헐벗은 거지에게 자신이 입고 있던 겉옷의 절반을 잘라주었다. 성 마르티누스는 1957년부터 1980년까지 100프랑짜리 스위스 화폐에도 등장했다. 그는 그림 속에서 이렇게 외치고 있다. "자신의 삶을 스스로 꾸려갈 수 없는 사람들에게 도움을 주어라."

바로 이 그림 안에 루카스 륄리가 내세우는 주장의 근거가 담겨 있다. 쓰러지는 사람은 언제나 있게 마련이다. 쓰러져서 일어나지 못하는 사람은 부축을 해주어야 한다. 그것은 우리가 당연히 해야만 하는 윤리적인 행위이다. 그렇지만 륄리의 주장에 따르면, 조건 없는 기본소득은 도움이 아니라 일종의 무의미한 간섭일 뿐이다. 아무런 조건 없이 모두에게 기본소득을 지급한다는 것은 도움이 필요하지도 않은 사람을 돕는 무의미한 간섭이나 마찬가지라는 것이다. 게다가 그런 무의미한 간섭은 우리 모두를 아무것도 하지 않으려고 하는 무기력한 존재로 만들게 된다는 것이 그가 가진 생각이다.

하지만 도움은 기본적으로 두 개의 계급으로 이루어진 사회, 다시 말해서 도움을 주는 상위계급과 도움을 받는 하위계급으로 이루어진 사회를 만들어낸다. 조건 없는 기본소득은 두 개의 계급으로 이루어진 이런 사회를 해체한다. 그래서 더 이상 도움을 주거나 받을 필요가 없는 사회를 만든다. 누구나 다른 사람의 도움 없이 자주적이고 독립적으로 삶을 꾸려갈 수 있게 한다. 그래서 다른 사람이 베풀어주는 도움에 내 생존이 달려 있는 예속의 상황이 중지된다. 모두에게 기본소득이 보장된다면 생존의 불안 때문에 다른 사람의 도움을 받아야 하는 상황은 더 이상 나타나지 않는다. 언론인인 미하엘 젠하우저는 이와 같은 상황을 이렇게 간추려 나타낸다. "모두가 자기 자신에게 왕이 된다면, 어느 누구도 다른 사람의 왕이 될 수는 없다."[11]

우리 사회에는 그 동안 생존의 위협을 줄여주겠다는 고결한 의도에서 사회복지국가의 작동원리가 만들어낸 예속적 관계가 깊게 뿌리를 내려왔다. 우리는 지금까지 성 마르티누스를 제도화하면서 동시에 성 마르티누스를 왜곡해왔다. 왜곡된 성 마르티누스는 이제 자신의 겉옷을 잘라서 나눠주는 대신에 도움을 베푸는 자에게는 도덕적 우월감을, 도움을 받는 자에게는 도덕적 열패감을 나눠주고 있다.

오늘날에도 생존의 위협은 전혀 줄지 않고 있으며, 오히려 산업을 활성화하기 위한 자원으로 활용되고 있다. "기업은 기업대로 실업의 위세를 등에 업고 으르렁거리고, 국가는 국가대로 아무 의미 없는 공공근로와 그것을 관리하기 위한 거대한 관료조직을 유지하는 데 수십억 유로를 쏟아 붓고 있다." 〔독일의 시사주간지〕『슈피겔*Der Spiegel*』이 독일의 노동시장 개혁안Hartz-Fabrik에 관해 묘사한 내용이다.[12] 기업가 괴츠 베르너는 독일의 노동시장 개혁안인 하르츠 IV 체제를 '열린 감옥'이라고 표현한다.[13] 〔독일의 일간지〕『쥐드도이체차이퉁*Süddeutsche Zeitung*』의 편집위원인 헤리베르트 프란틀도 이렇게 탄식한다. "하르츠 IV와 함께 형법의 요소가 사회법 안으로 도입되는 어처구니없는 일*이 벌어졌다. […] 하르츠 Ⅳ는 우리들을 지속적으로 교화해야 할 잠재적인 게으름뱅이로 취급한다. […] 이미 학교 교육에서도 오래 전에 금지된 회초리 훈육이 하르츠 Ⅳ와 함께 다시, 그것도 성인들을 대상으로 도입되었다."[14]

물론 스위스의 정치적·사회적 상황이 독일과 똑같지는 않다. 하지만 적어도 덜 나쁘다고는 할 수 없다. 스위스 연방통계청 자료에 따르면, 기초생활수급자의 자격요건을 갖추고 있는 사람들 가운데 약 60퍼센트에 이르는 사람들이 사회보장 급여를 신청조차 하지 않는 것으로 나타났다. 2012년을 기준으로 스위스에서 기초생활수급자의 자격요건을 갖춘 사람은 모두 586,000명 정도였지만, 실제로 사회보장 급여를 받은 사람은 231,000명 정도에 지나지 않았다. 기초생활 보장제도 자체를 알지 못해서, 부끄러워서, 뭔가 빚을 지는 느낌 때문에, 체류권을 빼앗길까봐, 친척들의 도움을 받고 있어서 등이 사회보장 급여를 신청하지 않은 주된 원인이었다.[15]

누군가를 돕는 것은 우리에게 기쁨을 가져다준다. 누군가에게 꼭 필요한 도움을 주는 것만큼 아름다운 일이 어디에 있겠는가? 하지만 오늘날 이 고결한 행위는 우리 자신을 사회의 기생충으로 모욕하는 데 악용되고 있다. 자격요건을 심사하는 관리 앞에서 우리는 잔뜩 주눅이 들어 전전긍긍하고 있다. 도움을 베푸는 자에게나, 도움을 받는 자에게나 불행한 일이 아닐 수 없다.

조건 없는 기본소득은 회초리 훈육의 방식으로 기형화된 도움의 모

---

* 2005년 1월에 발효된 하르츠 Ⅳ는 장기실업자에게 실업부조와 사회부조를 통합한 실업급여Ⅱ를 자산 심사를 거쳐 지급하되, 구직자가 고용센터에서 소개한 일자리에 취업하기를 거부할 경우에는 근로의무를 이행하지 않은 것으로 보고 급여를 삭감하게 했다.

습을 바로잡는다. 오늘날 성 마르티누스의 역할을 하는 복지국가에서 사회보장 급여를 받으려면 우리는 가난한 비렁뱅이가 되어야 한다. 그렇지만 조건 없는 기본소득은 우리에게 자신의 삶에 대한 스스로의 결정만을 요구할 뿐이다. 그 이상도 그 이하도 아니다. 그리고 오늘날의 사회복지체계에서는 우리가 아무것도 하지 못해야 사회보장 급여가 지급되지만, 조건 없는 기본소득이 시행되면 우리는 잘하는 것을 하라고 기본소득을 받게 된다.

루카스 륄리의 주장에 따르면, 할 수 있는 사람이라면 반드시 해야 한다. 그것이 공정한 것이며, 할 수 있는 사람이 하지 않는 것은 공정치 못한 일이다.[16] 그러나 조건 없는 기본소득은 이와 같은 윤리체계를 이렇게 뒤엎는다. 사람은 해야 한다는 강압에서 벗어나면 더 잘할 수 있다고 말이다.

스스로 결정하는 사람이
다른 사람을 자유롭게 한다

거의 모든 사람들이 〔다른 사람의 간섭을 받지 않고 자기와 관련된 일을 스스로 결정하는〕 자결自決을 좋은 것이라고 생각한다. 하지만 한편으로는 모두가 자신이 원하는 대로 결정하면 세상이 혼돈 상태에 빠질 수도 있으니, 현명한 결정권자가 있어서 상황이 엉망진창이 되지 않도록 모든 것을 잘 결정해 주기를 바라기도 한다.

자결이 혼란과 부조화를 일으킬 것이라는 두려움은 자결에 대한 잘못된 생각 때문이다. 자결이란 법이 필요 없는 상태를 말하는 것이 아니다. 자결이란 각 개인이 원하는 모든 것들이 표현되고 충족되는 상태를 말하는 것도 아니다. 자결이란 내가 가진 모든 바람과 필요, 기대와 희망이 마찬가지로 스스로 결정하는 다른 사람들의 승인을 거쳐 실현되는 것을 뜻한다. 나의 자결이란 언제나 다른 사람의 자결이기도 하기 때문이다. 내가 다른 사람의 결정을 받아들일 때에야 비로소 내 결정도 다른 사람에게 받아들여질 수 있다.

당연하게도 우리는 자신의 삶에 대해 스스로 결정할 수 있어야 한다. 하지만 우리 자신이 내린 결정이 실현가능한 올바른 것이 되려면 다른 사람들과 다른 사람들이 내린 결정들도 고려되어야 한다. 다른 사람들의 자결을 고려하지 않은 나의 자결이란 비현실적인 소망이나 허황된 목표, 빈말일 뿐이다.

물론 내 문제에 대해서는 나 스스로가 결정한다지만, 다른 문제에 대해서는 누가 결정하는가? 다른 사람들! 바로 이것이 자결이 지닌 특별한 점이다. 자결이란 다른 사람의 바람을 무시하는 것이 아니라, 다른 사람의 바람을 면밀히 살피고 고려하는 것이다. 스스로 결정하는 사람은 다른 사람의 결정을 업신여기거나 무시하지 않는다. 내 결정만을 내세우는 것은 사춘기 소년의 반항이나 마찬가지이다. 자결은 이와는 다른 것이다. 자결은 내가 찾은 내 일을 통해서 나를 세계와 연결하는 것이며, 그 연결을 통해서 내가 성장해가는 것이다. 이 과정에서는 어떤 성인의 가르침도 중심이 될 수는 없다. 중심은 나 자신이다.

자결에 대한 두려움은 기본적으로 개인에 대한 불신에 뿌리를 두고 있다. 개인을 질서를 파괴하는 존재나 소란을 일으키는 존재 정도로만 생각하는 사람한테는 자결이 위험천만한 것으로 보일 수밖에 없다. 개인에 대해 이런 시각을 가진 사람은 결국 자신의 품위를 스스로 바닥에 내팽개치는 것이나 마찬가지이다. 그는 근거 없는 적의의 몽둥이를 휘둘러 자신의 자존감마저 깨뜨려버리는 자이다. 조건 없는 기본소득은 그 동안 내팽개쳐졌던 우리의 품위와 자존감을 되찾아서 우리에게 돌려준다.

스스로 결정하기를 바라지 않는 사람, 현명한 결정권자가 모든 것을 결정해주기를 바라는 사람은 누군가에게 예속되어 순종적인 하인이 되기를 바라는 것이나 마찬가지이다. 비판적인 사고능력을 잃어버리고, 이상도 없이, 순종적으로, 시키면 시키는 대로 일하는 산송장과 같은 존재가 되어 살아가는 것, 이것이야말로 우리에게 일어날 수 있는 가장 나쁜 일 가운데 하나이다. 미래에 닥쳐올 문제들을 극복하기 위해 우리에게 무엇보다 필요한 것이 있다면, 그것은 바로 자결이다. 자결은 인간의 미래에 안전을 가져다준다. 스스로 결정할 수 있는 가능성과 스스로 결정할 수 있는 능력이 없이는 인간이 설 자리도 없어지게 될 것이기 때문이다. 자결의 가능성과 자결의 능력이 없이는 우리는 인간으로서의 자신의 고유함도 유지할 수 없을 것이다.

주인이 되는 노예만이 자유를 얻는다

오늘날 우리는 서로의 시민권을 당연하다는 듯이 인정한다. 시민권에는 자신이 생각하는 이상을 추구할 수 있는 권리, 종교 · 직업 · 거주지 등을 자유롭게 선택할 수 있는 권리, 원하는 곳을 여행할 수 있는 권리 등이 포함된다. 만약에 어느 누군가가 특정한 신앙을 가져야 한다는 강요를 받는다면, 아니면 특정한 직업을 선택하거나 특정한 지역에서만 살아야 한다는 강요를 받는다면 우리는 당연히 그것들에 대해 비인도적인 억압이라며 분노를 쏟아낼 것이다.

하지만 오늘날에는 이처럼 당연하게 여겨지고 있는 자유에 관한 권리도 지난날에는 당연한 것이 아니었다. 그것은 투쟁과 계몽의 산물이었다. 고대 로마의 노예들에게는 그들을 빌려줄 수도, 팔 수도, 놓아 줄 수도 있었던 주인의 손에 그들의 자유가 달려 있었다. 하지만 삶의 기본적인 바탕이자 생존을 위해 꼭 필요한 자신의 재산을 가질 수 없었던 노예에게는 주인이 베풀어주는 자유가 그다지 큰 의미를 지니지 못했다. 노예는 땅을 소유할 수도 없었고, 임금을 받는 것도 아니었다. 노예의 생존은 자신을 소유한 주인의 땅에서 주인이 시키는 대로 일할 때에만 보장되었다. 생존을 위한 기본적인 바탕조차 갖추고 있지 못한 노예에게 자유를 주는 것은 날지 못하는 새를 새장 밖으로 내던져 놓는 것이나 마찬가지였다. 노예 신분에서 벗어나더라도 생존을 위해서는 결국 새로운 주인을 찾거나 예전 주인한테 돌아가 다시 노예가 될 수밖에 없었다. 생존의 기반을 갖추고 있지 못한 노예에게 자유는 은혜가 아니라, 유예된 사형선고나 마찬가지였다.[17]

오늘날에도 우리는 다양한 측면에서 이와 유사한 상황을 마주하고 있다.

첫째, 당시의 노예들한테도 생존을 위한 기본적인 조건들은 채워졌다. 하지만 그것은 어디까지나 그들이 자신의 노동력을 유지할 수 있게 하기 위한 것이었다. 이런 식으로 누군가가 또 다른 누군가에게 생존을 위한 기본적인 조건들만 채워지면 되는 존재로 다루어지는 상황은 오늘날에도 여전히 달라지지 않았다. 오늘날 우리는 생존을 위한 기본적인 조건들로부터 자유로운 것도, 자유롭지 않은 것도 아니다. 이러한 조건들은 여전히 우리의 생존을 위협하는 요인들로 작용하고 있다. 이렇게 생존이 완전하게 보장되지 않은 상태가 계속되면 우리는 결코 삶에 대한 또 다른 질문으로 나아갈 수 없다.

둘째, 노동자가 준수해야 할 규정들과 노동자가 받게 될 보상을 명시하고 있는 오늘날의 노동계약은 고대 로마의 노예법에 뿌리를 두고 있다.[18] 오늘날의 고용주에 해당하는 고대 로마의 노예 소유주는 노예가 노동력을 제공하는 한 그의 생존을 보장해 주었다. 오늘날과 같은 외부공급 경제에서는 이런 생존의 보장이 살 곳과 음식을 직접 제공하는 형태가 아니라, 임금을 지급해서 필요한 것들을 사서 생활을 꾸려갈 수 있게 하는 형태로 이루어진다. 지난 150년 동안 노동조합의 활동으로 노동자의 권익이 많이 향상된 것은 분명한 사실이지만, 기본적으로 노동자들이 해야 할 일을 정하고 명령할 권리는 여전히 임금을 지불하는 고용주한테 있다. 지난 세월을 거치면서 우리는 시민으로서의 권리와 의무를 지닌 한 명의 자연인으로서의 지위를 누릴 수 있게 되었다. 하지만 우리의 노동력과 관련된 결정권만큼은 여전히 고용주의 손에 놓여 있어서, 그 옛날 노예 소유주 마음대로 빌려줄 수도 팔아치울 수도 있었던 노예의 처지와 별로 달라진 것이 없는 것이다.

셋째, 노예 소유주는 가장이 자신에게 딸린 식솔들을 돌보듯이 노예를 먹여 살려야 했고, 그 대가로 노예는 주인의 말에 복종해야 했다. 그들은 상호 호혜가 아니라 상호 의무의 관계에 기초해 있었던 것이다. 오늘날과 같은 분업화된 사회에서 생존은 곧 소비를 의미한다. 그래서 우리는 살아가려면 소비 활동을 위한 돈을 벌지 않을 수 없다. 그리고 고용주는 고용주대로 임금을 지급하기 위해 돈벌이가 되는 것을 생산할 수밖에 없다. 물론 노예와는 달리 오늘날 우리한테는 고용주의 말을 따르지 않을 수 있는 방법이 아예 없지는 않다. 고용주가 시키는 대로 하지 않을 수 있는 유일한 길은 고용주 대신 시장에 복종하는 것이다. 하지만 이 둘은 고용주의 손은 보이지만 시장의 손은 보이지 않는다는 점을 제외하면 사실 크게 다르지 않다. 그 두 개의 손은 모두 윤리를 앞세우며 집게손가락을 높이 치켜세우고 위협적인 표정으로 이렇게 소리친다. "만약 네가 우리가 원하는 대로 할 생각이 없다면, 우리도 네가 필요로 하는 것을 주지 않을 것이다!"

그렇다면 어떻게 해야 우리는 생존의 기반을 지니고 있지 못했던 고대 로마의 노예들과는 다르게 우리의 정치적·사회적 관계가, 나아가 (직업에 대한 자유로운 선택에서 자유로운 자기 계발에까지 이르는) 한 사람의 시민으로서의 자유가 나타나게 할 수 있을까? 이제는 이러한 질문을 던질 때가 되었다. 질문에 대한 답은 간단하다. 생존의 완전한 보장을 방해하는 조건들로부터 우리를 자유롭게 하면 된다. 생존에 꼭 필요한 것이라면 누구나 그것을 가질 수 있게 아무런 조건 없이 보장하는 것이다.

그렇다면 생존에 꼭 필요한 것을 누구나 왜 가질 수 있어야 하는가? 그것들이 생존에 꼭 필요한 것이기 때문이다. 생존과 관련된 조건들을 이용해서 효율성을 높이겠다는 생각은 결코 올바른 것이 아니다. 사회를 계속 지탱하는 가장 효율적인 길은 모든 구성원의 생존을 보장하는 것이다. 바로 그 구성원들이 사회를 지탱하는 것이기 때문이다.

그런데 그렇게 되면 이른바 '더러운 일'을 하려고 나서는 사람이 있을까?

사실 '더러운 일'이라는 관념은 상류층 사람들이 자신들 이외의 다른 모든 사람들에게는 불가피하고 당연한 것으로 여겨졌던 노동을 더럽고 천한 행동으로 여겼던 시대에서 비롯된 것이다. 그러나 목동이 하던 소젖을 짜는 일이나 농부가 하던 곡식을 심고 거두는 일, 농부 아내가 하던 수확한 곡식을 빻아 빵을 굽는 일들은 우리가 살아가기 위해서는 누군가 반드시 해야만 하는 일들이다. 또 그렇기 때문에 무척 큰 가치를 지닌 일들이기도 하다.

오늘날 사람들이 말하는 '더러운 일'도 우리의 의식 안에서 행패를 부리고 있는 헛된 관념일 뿐이다. 도대체 어떤 것이 더러운 일이란 말인가. 세차가 더러운 일인가? 거동이 불편한 노인을 씻기는 일이 더러운 일인가? 아니면 설거지하는 것이 더러운 일인가? 그렇다면 도대체 깨끗한 일은 어떤 것인가?

이처럼 더러운 일은 없다. 단지 '해야 할 일'과 '할 필요가 없는 일'만 있을 뿐이다. 오늘날에는 많은 일들이 그저 돈벌이를 위한 일들에 지나지 않는다. 그래서 오늘날 행해지는 많은 일들이 해야 할 필요가 없는 사이비 일들에 속한다고 해도 그리 놀랍지도 않다. 심지어 지금 우리는 해야 할 일이 뭔지도 제대로 알아보지 못한다. 생존에 대한 불안감이 우리의 눈을 뿌옇게 흐려 놓고 있기 때문이다.

조건 없는 기본소득은 우리가 서로에게 빚을 지며 살아가고 있다는 사실을 볼 수 있는 밝은 눈을 우리에게 가져다준다. 그래서 우리가 서로를 위해 무엇을 할 수 있을지를 돌아보고 깨달을 수 있게 해준다. 그리고 시민의 자유가 지난날 로마의 노예에게 주어지던 자유처럼 위선적이고 허구적인 자유로 변질되지 않게끔 막아준다.

나의 자유는 너의 자유와 함께 자란다

나의 자유는 다른 사람의 자유와 어떤 관계에 있을까? 이 질문에 대한 일반적인 생각은 대체로 다음과 같을 것이다. 나의 자유는 다른 사람 자유와 맞닿는 경계선에서 끝난다. 그러므로 내가 더 자유로워지려면 다른 사람은 그만큼 덜 자유롭게 되어야 한다. 내가 완전히 자유롭게 되려면 다른 사람의 자유는 완전히 제한되어야 한다. 그렇지 않으면 내 자유의 완전함은 훼손될 수밖에 없다.

가수 게오르그 크라이슬러는 이런 일방통행적인 자유에 관해 이렇게 노래했다. "나의 자유가 너의 자유가 될 수는 없지. 나의 자유는 예스! 너의 자유는 노!"[19]

그러나 이런 식의 자유는 안방자유주의Wohnzimmerliberalismus에 지나지 않는다. 안방자유주의는 안방의 네 벽이 자유를 만들어낸다고 생각한다. 내 안방의 네 벽은 나의 자유를, 이웃 안방의 네 벽은 이웃의 자유를 만들어낸다는 것이다. 하지만 이런 안방자유주의는 이미 오래전에 극복되었다. 오늘날 나의 자유는 다른 사람의 부자유로 이어지지 않는다. 오히려 나의 부자유는 다른 사람의 부자유로, 나의 자유는 다른 사람의 자유로 이어진다.

우리의 인식 과정은 부자유가 스스로 자신을 재생산한다는 사실을 잘 보여준다. 만약 누군가가 나의 평온함을 위협하는 존재로 여겨져서 그를 경계하기로 했다고 하자. 그러나 그에 대한 경계는 나를 평온한 상태로 이끄는 것이 아니라, 더 불안한 상태로 이끌어간다. 그를 경계하기 시작한 뒤로는 점점 더 많은 것들이 나의 평온함을 위협하는 요소로 느껴진다. 그리고 마침내 나는 어디에서도 마음의 평정을 얻지 못하는 상태에 이르게 된다.

오늘날 나의 자유는 다른 사람의 자유를 위협하지 않는다. 오히려 나의 자유는 다른 사람의 자유로부터 주어진다. 자유는 나눌 수 없는 것이 아니다. 나누어 가질수록 커지는 것이다. 나 때문에 다른 누군가의 자유가 실현되었다면, 그의 자유는 다시 나의 자유가 실현될 수 있는 밑바탕으로 작용한다. 내 자유를 위해 다른 사람의 자유가 제한되어야 한다고 생각한다면, 그런 나의 자유는 이기적인 폭력일 뿐이다.

노르웨이의 작가 헨리크 입센은 1871년 덴마크의 문학비평가 게오르그 브란데스에게 보낸 편지에 이렇게 썼다. "누군가 지속적인 열망이 아닌 다른 방식으로 자유를 가지고 있다면, 그가 가진 자유는 영혼 없는 죽은 자유에 지나지 않는다. 자유는 끊임없이 스스로 커지는 성질을 가지고 있기 때문이다. 그러므로 자유를 얻기 위한 투쟁 속에서 어떤 한 사람이 '드디어 나는 자유를 쟁취했다!'고 소리친다면, 그것은 그가 자유를 얻은 것이 아니라 잃어버렸다는 사실을 뜻할 뿐이다."[20]

오늘날의 자유란 서로의 자유를 의미한다. 서로가 서로의 생존을 보장할 때, 그리고 자신이 할 일을 스스로 결정할 수 있는 권리를 서로가 인정할 때에야 비로소 우리는 나날이 새로운 자유를 얻을 수 있게 될 것이다.

이윤경제와 경쟁사회를 넘어서

기본소득이 시행되는 사회는 목적경제를 기준으로 하면 더 없이 좋은 환경이 되겠지만, 이윤경제를 기준으로 하면 탐탁찮은 환경이 될 수밖에 없다. 누구나 자신이 생각하는 의미 있는 일을 할 수 있게 된다는 사실을 놓고 보면, 조건 없는 기본소득은 의미에 초점을 둔 경제를 강화하게 될 것이다. 하지만 반대로 하고 싶지 않은 일은 할 필요가 없어진다는 사실을 놓고 보면, 순전히 이윤에 만 초점을 둔 경제는 동력을 잃게 될 것이다.

이런 점에서 '돈벌이를 위한 돈벌이 경제'로서는 조건 없는 기본소득이 눈엣가시 같은 존재로 보일 수밖에 없다. 하지만 기본소득이 시행되는 사회는 자신의 투자로부터 의미 있는 것이 만들어지기를 원하는 사람한테는 더없이 좋은 환경이 된다. 투자자들은 늘 어디에 투자할 것인가를 놓고 고민을 하게 마련이지만, 기본소득이 시행되는 곳이라면, 나아가 의미 있는 투자를 원한다면 이윤이 단기간에 발생하리라는 기대는 포기해야 할 것이다. 그러므로 의미 따위는 신경 쓰지 않고 오직 금전적 이윤을 빠른 시간 안에 최대한 많이 얻으려고 하는 투자자라면 기본소득이 시행되지 않는 곳으로, 사람들이 비인간적인 조건에서 일하는 곳으로 가는 편이 나을 것이다.

〔미국의 홍보업체 에델만이 조사해서 발표하는〕「2015년 에델만 신뢰도 지표 조사*Edelman Trust Barometer 2015*」에 따르면, 세계 모든 지역의 사람들이 공통적으로 영리를 목적으로 하지 않는 조직, 공동선을 지향하는 조직에 더 큰 신뢰를 보내고 있다. 조직이 이윤의 획득을 목적으로 하고 있지 않으면 그만큼 기만을 일삼을 가능성도 줄어들 것이라고 생각하기 때문이다.[21]

우리가 살고 있는 사회에서 억압과 불안을 줄여가기 위해 필요한 것이 있다면, 그것은 다른 무엇보다도 생존의 안전과 자유를 보장하는 것이다. 반대로 다른 사람을 이용해서 자신이 원하는 목적을 이루려고 한다면, 그를 생존의 불안에 묶어두는 것이 중요한 방법이 될 것이다. 가끔씩 작은 보상을 베풀어주거나, 더 열악한 상황에 놓여 있는 사람들의 처지를 알려주면 더 효과가 있을 것이다.

생존 경쟁이 사회를 유지하는 밑바탕이 되고 있는 곳에서는 이윤이 하나의 좋은 목표가 된다. 그러려면 사람들의 소득이 생존을 위한 최저 수준을 넘어서는 안 된다. 그리고 중간계층이 줄어들고, 상위계층이 더 높은 곳에 자리하고 있어야 한다. 이때 무엇보다 중요한 것은 계층 구조의 맨 아래에 있는 사람들이 자신들의 처지를 다른 누군가가 아니라 바로 자신들의 책임이며, 자신들도 이제 곧 중간계층으로 올라갈 수 있다고 굳게 믿고 있어야 한다는 점이다. 그리고 중간계층에 속해 있는 사람들은 자신들이 이미 상위계층에 속해 있다고 느낄 수 있어야 한다.

지금까지 스위스에서 실시된 국민투표의 결과들은 우리 사회가 실제로 이렇게 작동되고 있다는 사실을 잘 보여준다. 스위스 국민들이 선택한 결정들을 놓고 보면, 적어도 절반이 넘는 스위스의 국민들이 스스로 이미 부유한 상위계층에 속해 있다고 확고히 믿고 있는 것처럼 보인다.

생존 경쟁을 밑바탕으로 하고 있는 사회는 한편으로는 스스로의 힘으로 생존하기 어려운 사람들을 도우면서 자신의 체제를 유지한다. 위에 있는 사람이 아래에 있는 사람에게 자신의 것을 나누어주는 것으로 사회가 유지되는 것이다.

그렇지만 조건 없는 기본소득이 시행되는 사회에서는 어느 누구도 도움을 받기 위해 위를 올려다볼 필요가 없다. 더 이상 누군가에게 어

쩔 수 없이 순종할 필요도 없고, 생존을 위해 경쟁할 필요도 없게 되는
것이다.

경제와 접객업

자발적으로 일하는 사람이 더 큰 성과를 거둔다. 식당 주인을 예로
들어 보자. 주인이 마지못해 억지로 일하는 식당보다는 자발적으로 즐
겁고 열정적으로 일하는 식당으로 손님이 몰리는 것은 당연한 일일
것이다. 주인이 내적 동기를 가지고 일하는 식당의 음식이나 서비스의
질이 그렇지 않은 식당보다 좋을 수밖에 없기 때문이다.

이런 현상은 사람들 사이의 관계를 기반으로 이루어지는 서비스 분
야에서 특히 두드러지게 나타난다. 영업·간병·교육 등 사람들을 직
접 마주 대하며 수행되는 분야에서는 자신의 일이 지닌 의미에 자부
심을 가지고 있는지의 여부가 그 일을 성공적으로 수행하는 데 결정
적인 요인으로 작용한다.

서비스 분야에서 유독 두드러지게 나타나기는 하지만, 사실 이런 원
칙은 모든 경제 분야에 똑같이 적용된다. 얼굴을 직접 마주 대하지 않
는 고객이라 할지라도 그가 고객인 이상 내 노동의 결과물을 필요로
하는 사람이라는 사실이 달라지지는 않기 때문이다. 경제는 접객업이
다. 독일어에서 '경제·경영'의 의미를 나타내는 '비르차프트Wirtschaft'
라는 단어에 '접객업'이라는 뜻이 포함되어 있는 것도 바로 이 때문이
다. 다시 말해서 경제란 근본적으로 다른 사람이 필요로 하는 것을 충

족시켜 주는 일이다.

조건 없는 기본소득은 우리에게 다른 사람한테 무엇이 필요한지를 살필 수 있는 밝은 눈을 가져다준다. 지금처럼 우리가 돈벌이를 위해 일하는 경우에는 당연히 임금의 액수가 가장 중요할 수밖에 없다. 이런 경우에는 무엇이 사고 팔린다는 것만이 중요하지, 그 무엇이 어떤 것인지, 어떻게 만들어졌는지, 정말 필요한 것인지 하는 것들은 하나도 중요하지 않다. 돈벌이에 얽매일수록 우리의 시야는 점점 더 좁아진다. 돈벌이로부터 자유로울 때에야 우리의 시야는 넓어지고, 우리의 노동이 만들어내는 결과물의 질도 좋아진다.

조건 없는 기본소득은 우리의 생존을 보장한다. 그래서 우리가 다른 사람들의 필요에 더 세심하게 주의를 기울일 수 있게 해준다. 세상을 바라보는 사람은 많은 것을 볼 수 있지만, 자신만 바라보는 사람은 아무것도 볼 수 없는 법이기 때문이다.

우리는 다른 사람들이 일한 결과물로 살아간다. 그러므로 그 결과물의 질이 좋을수록 우리 삶의 질도 좋아지게 마련이다. 그렇다면 우리가 어떻게 해야 결과물의 질이 좋아질 수 있을까? 그렇게 되려면 우리를 위해 일하는 다른 사람들이 정성을 다해 일할 수 있는 환경이 만들어져야 하며, 우리가 다른 사람들과 좋은 관계를 이룰 수 있어야 한다. 따라서 우리가 해야 할 일은 그러한 관계와 환경을 만들 수 있는 방법을 찾아내는 일이다.

식당 주인의 내적 동기는 그를 손님에 대한 조건 없는 친화성에 다다르게 한다. "손님에 대한 순수하고 조건 없는 친화성은, 친화성 그 자체로 모든 손님들에게 처음부터 언제나 개방되어 있다. 예상치 못했던 손님이나 초대하지 않은 손님, 심지어 어디에서 왔으며 무엇을 하는 사람인지도 모르는 생전 처음 보는 낯선 손님에 대해서도 그러하다.” 철학자 자크 데리다가 한 말이다.[22]

모든 손님들에게 열린 마음을 가진 사람은 손님만이 아니라 다른 낯선 사람과 함께 있어도 마찬가지로 조금도 불편함을 느끼지 않는다. 그는 우리 모두가 공간적으로만 함께 살아가는 것이 아니라 실제로도 함께 살아가기 위해서 반드시 필요한, 다른 사람과의 열린 소통을 생활 속에서 단련하고 있는 사람이기 때문이다.

자유 I

독일어에서 ‘자유 시간’이나 ‘여가’라는 뜻을 나타내는 ‘프라이차이트Freizeit’라는 낱말은 중세의 ‘프라이 차이트frey zeyt’라는 말에서 비롯되었다. 14세기의 문헌에 따르면 이 말은 ‘시장의 평화가 보장되는 시간Marktfriedenszeit’을 뜻했다. 그 시간에는 시장 상인들과 방문객들이 어떤 방해도 받지 않고 물건을 사고 팔 수 있었으며, 소환이나 체포와 같은 공권력의 개입도 금지되어 있었다. ‘프라이 차이트’는 평화의 시간이자 특별한 노동의 시간이었던 것이다.[23]

오늘날 우리가 알고 있는 자유 시간이나 여가라는 의미로 ‘프라이차이트’라는 말을 처음 사용하기 시작한 것은 교육자 프리드리히 프뢰벨이었다. 1823년에 프뢰벨은 학생들에게 저마다 자유롭게 개인적인 용무를 볼 수 있는 시간을 주었고, 그 시간을 ‘프라이차이트’라고 불렀다.[24] (독일의 언어학자인 콘라트 두든이 편찬한) 독일어 사전인 『두든Duden』은

1929년에야 처음으로 '프라이차이트'라는 단어를 올림말로 실으면서 그 뜻을 이렇게 풀이했다. "일할 필요가 없는 시간."[25]

여기에서 여가라는 개념에 관해 다음 두 가지 사실만큼은 꼭 짚고 넘어가야 할 것 같다. 첫째, 권위주의적인 구조가 약화되면서 비로소 그러한 개념이 생겨날 수 있었다는 사실이다. 실제로 시간의 개인화로부터 우리는 자신의 삶을 스스로 결정할 수 있는 더 많은 가능성을 얻을 수 있게 되었다. 둘째, 여가라는 개념은 산업혁명의 결과물이지만, 분업에서 비롯된 노동 소외의 결과물이기도 하다는 사실이다.

산업화의 시대는 공장과 컨베이어벨트의 시대일 뿐 아니라, 비약적인 기술 발전의 시대이기도 했다. 그 결과 생산성도 비약적으로 증대했다. 고효율의 에너지 사용, 노동의 기계화와 합리화가 그러한 변화의 핵심적인 원동력이었다. 노동의 소외와 생산성의 향상은 동전의 양면과 같았다. 다음 통계자료는 이런 현상을 인상적으로 보여주고 있다. 1900년 무렵에 한 명의 독일 농부는 4명 몫의 식량을 생산했다. 하지만 1949년에는 10명 몫의 식량을 생산했고, 2000년에는 127명 몫의 식량을 생산했으며, 2012년에는 144명 몫의 식량을 생산했다.[26]

여가는 노동과 삶의 분열 속에서 생겨난 개념이다. 스위치를 켜면 작동하는 기계처럼 자신의 의지와 무관하게 노동이 행해지게 되면서 기계가 쉬어야 하는 것처럼 인간의 노동에도 여가가 필요하다는 생각이 제기되었다.

그리고 여가는 기본적으로 자신의 의도와 무관하게 행해지는 노동, 다시 말해서 일하는 사람의 사정이나 의사와는 무관하게 일하는 시간이 미리 정해져 있는 노동을 전제로 하는 개념이다. 노동이 삶의 의미를 만들어내는 과정이 아니라 생존을 위해 어쩔 수 없이 참고 견뎌야 하는 고통스럽고 힘겨운 과정이라면 그와 같은 노동에 대한 보상으로서 임금만이 아니라 노동의 시간과는 다른 성격을 지닌 삶의 시간도 보장되어야 한다.

노동조합과 사회민주주의가 앞장서서 벌인 투쟁 덕분에 꾸준히 노동시간은 줄어들었고, 임금 수준은 높아졌으며, 여가시간도 늘어났다. 20세기의 자본가들은 현명했다. 노동조건의 개선을 촉구하는 노동자들의 요구를 수용하고, 더 많은 여가시간을 인정하면서〔서서히 진척시켜 목표에 도달하는〕살라미 전술을 구사했다. 어쨌든 고된 노동으로 지친 몸은 휴식이 필요했고, 노동력의 충전으로 이어질 그 휴식 시간이 여가라는 이름으로 조금 더 많이 주어진다고 해서 자본가에게 크게 해가 될 일은 없었다.

노동자의 입장에서 여가는 노동의 대가이며 보상이다. '내게는 여가가 있다. 그러므로 나는 존재한다.' 나는 일을 하므로 내게는 여가를 즐길 권리가 있다. 그 시간은 일할 필요가 없는 시간이며, 내가 무엇을 할 것인지 스스로 결정할 수 있는 시간이자, 어떤 지시에도 따를 의무가 없는 시간이다.

임금과 여가는 내 고된 노동의 대가이다. 나는 내 시간과 노동력을 팔았다. 그러므로 나는 일하는 시간에는 고용주의 지시에 따라 고용주가 원하는 것을 해야만 한다. 하지만 여가시간은 다르다. 내가 원하는 것은 뭐든지 할 수 있다. 나는 자유롭다. 자유 Ⅰ.

자유 Ⅱ

　자신이 원하는 일을 하지 못하는 사람은 자신이 해야 하는 일을 원하게끔 만들어져야만 한다. 산업자본주의 초기에 세워졌던 대부분의 노동훈련원과 교육기관들은 근본적으로 이를 목적으로 하고 있었다. 주어진 일을 빈틈없이 수행하는 성실한 사람을 만들기 위해 그곳에서는 근면 · 정확성 · 준법성과 같은 덕목들을 가르쳤다. 생계유지를 위한 노동의 시스템에 참여하지 않는 사람들을 그 옛날 〔제1차 세계대전 이전의 독일 황제인〕 빌헬름 2세 시대의 관료주의와 다르지 않은 방식으로 통제하려는 오늘날의 노동개혁안은 바로 이러한 노동자 교화의 전통에 기초를 두고 있다.

　조건 없는 기본소득이 시행되면 우리는 마침내 이러한 낡은 관습을 타파할 수 있게 될 것이다. 자신이 살고 싶은 삶의 모습을 스스로 결정할 수 있는 가능성이 각 개인의 손에 놓이게 될 것이기 때문이다. 그렇게 되면 일하지 않으려는 사람들을 색출하고 통제하기 위한 오늘날의 비대한 관료조직도 설 자리를 잃게 될 것이다.

　조건 없는 기본소득이 시행되면 시간에 대한 우리들의 생각도 바뀌게 될 것이다. 사회심리학자 하랄트 벨처는 이렇게 말한다. "오늘날에는 전적으로 돈벌이와 직접 관련된 노동시간만 기능적이고 지혜로운 시간으로 간주된다. 그러나 지속가능한 현대에서는 각자의 관점과 필요에 따라 가치 있는 시간의 의미는 다를 수 있다는 점에서, 돈벌이와 직접적인 관련이 없는 자신을 위한 노동의 시간이나 아무것도 하지 않고 보내는 시간까지도 동등하게 가치를 부여받게 될 것이다."[27]

　벨처에 따르면, 앞으로 시간은 점점 더 스스로 결정을 하는 나 자신의 시간으로 변화해간다. 스위스의 철학자 슈테판 브로트벡도 시간에 관해 이렇게 말했다. "바보가 되지 않기 위해 우리는 한가한 시간이 더 많이 필요하다."[28]

브로트벡이 말한 한가한 시간은 오늘날의 여가를 의미하는 것이 아니다. 그것은 내가 하는 일에 나 자신이 생각하는 의미를 담는 과정이다. 나는 더 이상 다른 사람이 생각해낸 것을 수동적으로 수행하는 존재에 머물러 있기를 바라지 않는다. 함께 생각하고, 함께 결정하고, 함께 책임지기를 바란다. 일과 함께 나 자신을 발전시키고, 내가 생각하는 이상이 내가 하는 일을 통해 실현되어 갈 수 있기를 바란다.

산업의 생산성과 합리화의 증대를 이끌고 있는 오늘날의 디지털화로 다시 새로운 산업혁명이 일어나고 있다. 이런 디지털화의 엄청난 변화들을 우리는 단지 공장에서만이 아니라 다른 수많은 직업 분야들에서도 겪고 있다. 연산이 가능한 모든 것들이 자동화되어가고 있다. 실제로 은행에서도, 백화점의 계산대에서도 자동화가 진행되고 있으며, 심지어 자동차 운전마저 자동화되고 있다.

하지만 주어진 것을 수동적으로 수행하기만 하면 되는 일과는 달리 노동의 주체가 스스로 결정해야 하는 일들은 자동화하지 못한다. 그러므로 연산으로는 해결할 수 없는 것들, 스스로 생각하고 스스로 결정해야만 하는 것들이 미래의 우리 직업들이 될 것이다. 물론 매뉴얼에 따라 조립하는 것과 같은 일에 인간의 노동력이 꼭 필요하지는 않다. 하지만 창조적인 일, 스스로 책임져야 하는 일은 오직 인간만이 할 수 있다. 그런 일을 하는 사람한테는 여가란 낡은 개념일 뿐이다. 여가는 일하는 동안에는 자유를 포기해야만 하는 그런 일을 할 때나 필요한 시간이기 때문이다.

"진짜 자기가 하고 싶은 일을 하는 사람은 일을 중단하지 못한다."
작가인 루트비히 홀이 한 말이다.[29] "진짜 자기가 하고 싶은 일을 하는
사람은 결코 그 일로부터 자유로울 수 없다. 자신이 하고 있는 일로부
터 자유로울 수 있다면 그에게 그 일은 마지못해서 하는 일임이 분명
하다."[30]

하고 싶은 일을 하면서 그 일로부터 벗어나기를 바라는 사람은 없
다. 진정한 나의 일은, 나를 몰두하게 하고 강인하게 만든다. 나는 노
동으로부터 자유로워지기를 원하는 것이 아니라, 노동 안에서 자유로
워지기를 원하는 것이다. 자유 Ⅱ.

자유를 통한 책임

오늘날 우리는 머리를 쥐어짜면서 만들어낸 세세한 조건들을 가지
고 자유를 실현하려는 시도를 하고 있다. 과연 적절한 방법일까? 경계
선을 긋고 의무를 지우는 것을 통해서 자유로워질 수 있을까? 다르게
말해서, 과연 규제를 통한 자유는 가능할까?

자유는 언제나 되풀이해서 새롭게 다루어질 수밖에 없는 문제이다.
도로를 달리는 차량의 속도를 법으로 제한하는 것은 원하는 만큼 빠
르게 달릴 수 있는 자유를 제한하는 것이지만, 마음 편히 운전을 하고
횡단보도를 건널 수 있는 자유를 우리에게 가져다주는 것이기도 하다.
식품에 관한 규제도 마찬가지이다. 그것은 유용한 위생 기준을 제시하
고 필요한 식품 검사를 실시해서 식품의 생산과 소비의 모든 과정에

서 식품 안전의 중요성을 강조한다. 하지만 브뤼셀에 있는 유럽연합 본부에서 유럽에서 유통되는 오이의 크기와 굴곡의 정도를 정하는 것은 우스꽝스러운 일이 아닐 수 없다.

국가의 과제는 지혜로운 정책들을 통해 개인의 자유를 실현하는 것이다. 조건 없는 기본소득은 국가가 이러한 자신의 과제를 수행할 수 있도록 도움을 준다. 조건 없는 기본소득을 시행하는 것이야말로 국가가 모든 개인에게 자기 삶의 모습을 스스로 만들어갈 수 있는 자유를 보장하는 것이기 때문이다.

그렇다면 사회구성원으로서의 책임은 어떻게 되는 것일까? 과연 자유가 책임과 공존할 수 있을까? 자유와 책임의 공존은 자유가 악행들 사이에서 선택할 자유만을 의미하지 않을 때, 그리고 자유가 소비의 자유만이 아니라 생산의 자유까지 의미할 때에야 비로소 가능하다. 조건 없는 기본소득은 우리에게 더 많은 생산의 자유를 가져다줄 것이다. 그리고 우리가 한 사람의 인간으로서 어떻게 살아갈지, 무엇을 위해 살아갈지, 어떤 일을 하며 살아갈지에 대해서도 더 많은 선택의 가능성과 자유를 가져다줄 것이다. 꼭 해보고 싶은 일이 있다면 더 이상 지금처럼 머뭇거리지 않게 될 것이다. 실패하더라도 기본소득이라는 안전한 생존의 기반이 나를 받쳐줄 것이기 때문이다. 기본소득이 시행되면, 내가 원하는 일이 무엇인지, 그리고 나를 필요로 하는 곳이 어디인지에 대해서도 나는 더 자유롭고 깊게 생각할 수 있게 될 것이다.

앞으로 나아가기 위한 실패

　조건 없는 기본소득이 시행되는 사회에서는 내 실패의 원인은 취약한 생존의 토대가 아니라 바로 나 자신이다. 아울러 조건 없는 기본소득이 시행되면 실패는 생존에 대한 위협이 아니라 오히려 하나의 기회가 된다. 물론 조건 없는 기본소득이 실패 자체를 없앨 수는 없다. 하지만 적어도 실패가 절망으로 다가오는 상황만큼은 없앨 수 있다. 실패는 우리에게 가르침을 준다. 하지만 그것은 어디까지나 실패를 무릅쓰고 다시 시도할 수 있을 때에만 해당되는 말이다. 실패로부터 아무것도 배울 수 없다면 그때까지의 노력들은 얼마나 허망해지겠는가?

　기본소득은 우리가 자신의 잘못으로부터 스스로를 개선시킬 수 있게 해준다. 실패는 혁신을 위한 중요한 전제조건이다. 실패를 두려워하는 사람은 창조도 혁신도 이루어낼 수 없다. 똥이 곧 두엄은 아니지만, 똥 없이는 두엄이 만들어지지 않는다.

　실패로부터 배우는 사람한테 실패는 결코 적지 않은 의미와 가치를 지닌 경험이 된다. 그렇다고 해서 오늘날처럼 실패를 체계화해야 한다는 것은 아니다. 실패를 체계화해야 한다는 생각 안에는 치명적인 오류가 포함되어 있다. 실패는 나 자신의 실패일 때에야 비로소 의미와 가치를 지니는 법이다. 누군가 의식적으로 우리를 실패하게 만들어 우리에게서 스스로 실패할 수 있는 기회를 앗아간다면, 그는 혁신을 가로막는 노릇을 하고 있을 뿐이다.

　기본소득이 보장되면 우리는 잠시 넘어질 수는 있을지언정 결코 절망의 나락으로 빠져들지는 않게 된다. 기본소득은 안전밧줄과 같은 것이다. 만약 안전밧줄이 없다면 우리는 많은 봉우리들을 오를 엄두조차

낼 수 없었을 것이다. 안전밧줄은 우리가 어쩌다 실수를 하더라도 치명적인 사고로부터 우리를 지켜준다. 중요한 것은 사고가 일어난 다음에 안전밧줄을 매지 않는다는 점이다. 우리는 사고가 일어나기 전에 미리 처음부터 안전밧줄을 매고 봉우리에 오른다. 그리고 어느 누구나, 지금껏 단 한 번의 실수도 하지 않았던 전문 산악인이라 할지라도 예외 없이 모두 안전밧줄을 매고 봉우리에 오른다.

조건 없는 기본소득은 잘했다고 주는 상도 아니고, 잘못했다고 주는 벌도 아니다. 기본소득은 교육용 도구가 아니다. 기본소득은 우리에게 아무런 지시도 하지 않는다. 단지 우리에게 실패를 두려워하지 않는 용기를 줄 따름이다.

실패에 너그러운 사회는 실패에 가혹한 사회보다 더 유연하고 더 많은 성과를 거둔다. 그러므로 어떤 사회가 실패와 실수에 대한 관용의 관계망을 만들어내는 것은 매우 중요한 문제이다. 실패는 인간적인 것이다. 하지만 생존의 기반을 앗아가 버리는 실패는 비인간적이다. 조건 없는 기본소득은 실패의 낙폭을 줄여 우리가 실패로부터 다시 일어설 수 있도록 도와준다. 이렇게 조건 없는 기본소득은 우리 사회를 기꺼이 실패를 받아들일 수 있는 관용의 사회로 만든다.

자유의 춤

지도指導란 무엇인가? 사람들은 어떻게 지도될 수 있는가? 지도는 정당한 것인가? 오늘날 지도와 관련해 우리가 지향점으로 삼을 수 있는 것이 있다면, 자신을 스스로 이끄는 '자기 지도'뿐이다. 만약 자기 자신이 아니라 다른 어떤 누군가에게 이끌림을 받기 원한다면, 그 지도는 오염되고 악용될 수밖에 없다. 스스로를 불필요한 것으로 만들려는 지도는 우리를 자유롭게 하지만, 그렇지 않은 지도는 우리를 억압하고 구속하려 들게 마련이기 때문이다.

어떤 지도를 원하는가? 자유로운 지도를 원하는가, 아니면 억압적인 지도를 원하는가? 탱고를 추는 한 쌍의 남자와 여자를 예로 들어보자. 남자는 자신이 춤을 이끌어야 하므로 여자의 다음 스텝이 향할 곳을 정해 주어야 한다고 생각한다. 하지만 이것은 완전히 잘못된 생각이다. 남자는 어디까지나 여자의 움직임 안에서만 그녀를 이끌 수 있을 뿐이다. 남자가 여자를 이끈다는 말은 남자가 여자의 다음 동작을 결정해 준다는 뜻이 아니다. 여자가 다음 동작을 할 수 있는 공간을 만들어 준다는 의미일 뿐이다.

남자 무용수를 완전히 믿고 그가 만들어 놓은 공간 안으로 들어가 그 공간을 만끽할 때, 여자 무용수는 최고의 춤사위를 만들어낸다. 그런 여자 무용수의 춤사위는 그녀만의 고유성을 잃지 않으면서도 남자 무용수의 동작과 섬세한 조화를 이룬다. 지시에 따라 만들어진 춤사위는 매력적이기 어렵다. 그렇지만 자신만의 독특한 춤사위를 보여주기 위해서 조화를 깨트리는 춤도 매력적이지 않기는 마찬가지이다.

남자 무용수와 여자 무용수가 아름다운 조화를 만들어내는 비법은 믿음이다. 상대 남자 무용수가 자신이 마음껏 춤을 출 수 있는 공간을 만들어 줄 것이라는 믿음을 가질 때, 여자 무용수의 춤사위는 찬탄의 대상이 된다. 여자 무용수가 믿음을 가지고 있지 않으면, 남자 무용수는 몸이 굳어지고 스텝이 엉킨다. 남자 무용수가 춤을 이끈다는 것에 대해 잘못 이해하고 있으면, 여자 무용수한테 똑같은 문제가 생긴다. 남자 무용수가 여자 무용수를 믿지 못해 그녀가 마음껏 춤을 출 수 있는 자유로운 공간을 마련해 주려고 하지 않고 모든 동작을 일일이 지시하려고 하면, 자신의 춤을 출 수 없게 된 여자 무용수는 허둥대다가 결국에는 남자 무용수의 발을 밟거나 그의 발에 걸려 넘어지게 될 것이다.

상대의 움직임에 맞춘 이끎과 자신을 포기하지 않는 헌신, 이 두 가지 조건이 갖추어져야 아르헨티나 탱고의 매력은 완성된다. 실제로 멋진 탱고를 보고 있노라면 누가 이끌고 누가 이끌리는지 구분이 되지 않는다. 함께 춤을 추는 상대가 없이는 결코 만들어낼 수 없는 자유로운 공간 안에서 서로가 서로를 이끌고 있는 것이다. 이렇듯 지도란 자유로운 공간을 만드는 것이다.

예전에는 사람들이 뭔가를 수행하게 만들 수 있어야 성과를 거두었다. 이집트의 피라미드나 (길이가 15km에 이르는 스위스의 철도 터널인) 고타르 터널 등은 이렇게 만들어졌다. 하지만 앞으로는 사람들이 스스로의 책임 아래 스스로 결정하게 할 수 있어야 비로소 성과를 거둘 수 있을 것이다. 알고 있는 것이 많은 선생님이 좋은 선생님은 아니다. 학생들이 스스로 공부할 수 있게 곁에서 도움을 주는 선생님이 좋은 선생님이다. 주방에 있는 다른 요리사들에게 지시만 내리는 사람도 좋은 주방장은 아니다. 모든 요리사들이 저마다 마음껏 자신의 솜씨를 뽐낼 수 있게 배려할 줄 아는 사람이 좋은 주방장이다. 마찬가지로 정치인도 자신의 생각을 앞세우기보다는 유권자들이 스스로 내린 결론을 경청하는 사람이 좋은 정치인이다.

자유는 다른 사람과 함께 추는 춤이다. 자유는 다른 사람의 간섭을 받지 않는 것이 아니다. 자유는 조화로부터 생겨난다. 돈으로 살 수는 없지만, 스스로 결정하고 스스로 책임질 수 있다면 언제든 실현할 수 있는 것이 자유이다.

자연의 굴레와 억압적인 신분제도로부터의 해방, 시민권의 쟁취, 민주주의의 실현, 노동조건의 개선, 성적 차별의 철폐, 그리고 자유로운 시장경제체제의 확립에 이르기까지, 지금까지 자유는 언제나 투쟁의 산물이었다. 하지만 이제 자유는 더 이상 싸워서 획득해야 할 대상이 아니다. 어떤 의미에서 자유는 이미 우리 앞에 놓여 있다.

예전에는 외적인 구조가 사회적 관계를 결정했다. 태어난 환경이 우리를 규정했다. 신분제도와 가부장적인 가족제도와 같은 권위적인 체계가 우리를 억눌렀다. 어떤 종도 감히 주인이 되겠다는 생각을 품지 못했다. 하지만 우리는 그런 것들로부터 스스로를 해방시켰고, 사회를 개인화했다. 이제 자유는 모든 개인 앞에 놓여 있다.

따라서 우리가 앞에 놓여 있는 현재의 자유를 움켜쥐어야 비로소 새로운 미래는 시작될 것이다. 이제 [다른 사람들과 잘 어울리는] 친화력이 더욱 중요해졌다. 자신을 다른 사람 위에 두려는 사람은 다른 사람 아래에 놓이게 될 것이고, 다른 사람을 홀대하는 사람은 모두로부터 홀대를 받게 될 것이다. 오직 다른 사람들과의 관계 속에서 자신의 자유를 찾는 사람만이 아름다운 춤을 위해 마련된 미래의 음악을 듣게 될 것이다.

맺음말

앞으로의 일들

왜 우리는 아직도 조건 없는 기본소득을 시행하지 못하고 있는가? 조건 없이 생존이 보장되면 사람들이 더 이상 일을 하지 않을 것이라는 생각을 여전히 버리지 못하고 있기 때문이다. 생존을 위해서는 누구나 반드시 무슨 일이든 해야 한다는 생각을 여전히 버리지 못하고 있기 때문이다. 나 자신을 위한 자율은 소리 높여 요구하면서도, 다른 사람의 자율은 미심쩍어하며 받아들이지 못하고 있기 때문이다.

조건 없는 기본소득은 혁명이 아니다. 지난날 우리는 마을의 우물에서 물을 길어다 썼지만, 이제는 집 안팎 곳곳에 설치되어 있는 수도로 물을 쓴다. 수도관을 설치하자는 제안이 처음 제기되었을 때에도 수많은 사람들이 머뭇거리면서 반대했다. 수도관이 놓이게 되면, 마을 사람들이 우물에서 만날 일이 없어지면서 서로의 관계가 멀어지게 될 것이라고 우려했다. 수도관을 망가뜨리고 다니는 사람들은 도대체 누가 통제할 것이냐고 걱정하는 목소리도 적지 않았다. 하지만 이제는 수도를 이상하게 여기는 사람은 없다. 기본소득도 수도와 마찬가지로 도입되고 얼마간의 시간만 지나면 모두 매우 당연한 일처럼 받아들이게 될 것이다.

조건 없는 기본소득은 어떤 부가적인 것도 필요로 하지 않는다. 오히려 불필요한 조건들을 없앨 뿐이다. 억눌려 있던 가능성들로 하여금 자유롭게 날개를 펼칠 수 있게 할 뿐이다. 자기 통치를 촉진할 뿐이다. 자기 스스로를 다스릴 수 없는 사람은 다른 사람에게 다스려지게 마련이기 때문이다.

*   *   *

민주주의는 특권이라는 문제를 놓고 끝없이 논의가 벌어지는 만남과 같다. 그 만남에서는 다음과 같은 두 가지 요소가 상호작용하며 논의를 이끌어간다. 하나는 앞에 놓인 법질서를 모두가 따르고 지켜야 한다는 것이고, 다른 하나는 기존의 법질서가 지닌 문제점을 개선하기 위해 끊임없이 문제를 제기해야 한다는 것이다. 곧 현재의 법질서를 지키는 것과 새로운 법질서를 만드는 것은 민주주의를 떠받치는 두 개의 중심축이다.

스위스의 시민단체 '조건 없는 기본소득을 위하여'가 던지는 질문은 이렇게 요약할 수 있다. 사람들의 생존을 조건 없이 보장하는 것이 도대체 왜 문제가 되는가? 조건 없는 기본소득이 시행되면 우리는 게으름뱅이가 될 것인가, 아니면 자유로워질 것인가? 조건 없는 기본소득이 시행되면 우리에게 동기 부여가 될 것인가, 아니면 무기력함을 낳을 것인가? 조건 없는 기본소득이 시행되면 우리 사회는 위태로워질 것인가, 아니면 유연해질 것인가?

국민투표가 실시되는 날 저녁이 되면 우리는 텔레비전 화면에서 찬성표와 반대표의 수치를 나타내는 두 개의 막대를 보게 될 것이다.[*] 아마도 반대하는 사람들의 숫자를 나타내는 막대가 찬성하는 사람들의 그것보다 압도적으로 높게 솟아 있을 것이다. 하지만 대부분의 반대표가 확정적인 반대표라기보다는 이런 질문들과 함께 생각할 시간이 좀 더 필요하다는 의미일 가능성이 높다. 좋아, 그렇지만 그럼 힘들고 더러운 일들은 누가 하려고 하겠어? 좋아, 그렇지만 그럼 그 엄청난 자금은 어떻게 마련할 거야? 좋아, 그렇지만 그럼 지금의 사회복지체계가 무너지지 않겠어? 좋아, 그렇지만 그럼 도대체 누가 교육을 받으려고 하겠어? 좋아, 그렇지만 그럼 외국인들이 몰려들지 않겠어? 좋아, 그렇지만 그럼 불공정한 것이 아닐까? 이 모든 "좋아, 그렇지만"과 함께 우리의 생각은 더욱 앞으로 나아갈 수 있게 될 것이고, 이것은 더할 나위 없이 좋은 일이다.

시민운동은 꼭 성공을 거두기 위해서만 존재하는 것이 아니다. 1989년 스위스에서 실시되었던 군대 폐지에 관한 국민투표는 36퍼센트만 찬성해서 부결되었다. 하지만 이 36퍼센트로부터 군대가 변화하기 시작했으므로 그것은 끝이 아니라 오히려 시작이었다. 그 전에는 군대에서의 경력이 사회경제적 성공을 위한 하나의 조건처럼 여겨져 왔다. 하지만 국민투표 이후에는 군사적 경력이 오히려 부정적으로 여겨졌다. 군대 폐지를 위한 시민운동은 비록 과반수의 찬성을 얻지는 못했지만 적어도 세 명 가운데 한 명은 군대가 완전히 폐지되기를 바란다는 사실을 보여줌으로써 군대의 근본적인 변화를 이끌어냈다. 1989년에 베를린 장벽이 붕괴된 일도 스위스 군대가 변화하는 데 기

* 2016년 6월 5일 실시된 스위스의 국민투표에서 76.9%가 반대하고 23.1%만이 찬성해 기본소득의 도입은 부결되었다.

여했다.*

그렇다면 조건 없는 기본소득이 시행되기 전에는 어떤 장벽들이 먼저 무너져 내리게 될까? 다른 방식으로는 노동을 더 이상 실현하기 어려워져서 조건 없는 기본소득의 도입이 추진될까? 아니면 다른 방식으로는 구매력을 더 이상 확보하기 어려워져서 기본소득의 도입이 이루어질까? 그렇지 않으면 다른 방식으로는 더 이상 지속가능성을 보장할 수 없게 되어서 조건 없는 기본소득이 시행될까? 어쨌거나 한 가지 확실한 것은 조건 없는 기본소득이 도입된다면 그것은 어디까지나 실용적인 이유 때문이지 윤리적인 이유 때문은 아닐 것이라는 사실이다. 조건 없는 기본소득은 더 이상 다른 방식으로는 되지 않을 때, 그때 우리 곁으로 오게 될 것이다.

* * *

자신이 원하지 않거나 잘 이해가 되지 않는 것을 누군가가 제안해올 때면, 우리는 그 제안에 관해 '유토피아적'이라는 말을 사용해서 나

---

* 스위스는 국민개병주의에 기초한 민병제를 실시하고 있는 나라로 한국과 마찬가지로 일정한 연령의 모든 성인 남자는 병역의 의무를 지닌다. 그래서 소집 연령에 해당하는 남성들은 17주 동안 기본훈련을 받은 뒤에 해마다 일정 기간 동안 재훈련을 받아야 한다. 스위스에서는 1982년 '군대 없는 스위스를 위한 그룹(Gruppe für eine Schweiz ohne Armee)'이 결성되면서 군대 폐지 운동이 시작되었다. 그래서 1989년, 2001년, 2013년 세 차례에 걸쳐 군대 폐지 문제를 놓고 국민투표가 실시되었으나 모두 부결되었다. 2013년에는 찬성이 27%, 반대가 73%였다. 군대 폐지안은 부결되었으나 스위스는 1989년 이후 대규모 군제 개편에 들어가 군대 규모를 줄여왔다. 그래서 한때 70만에 이르렀던 군대의 규모가 1995년에 40만으로 줄었고, 2003년 이후에는 단계적으로 12만 명의 규모로 줄여가고 있다.

타내고는 한다. 무엇인가를 제안하는 사람은 변화를 원하는 사람이다. 변화를 원하지 않는 사람은 지금의 상태를 지키기 위해 재빨리 유토피아라는 단어를 꺼내든다. 하지만 이는 일종의 자가당착이다. 만약 무엇인가가 실제로 비현실적이거나 유토피아적인 것이라면, 우리는 그것에 대해 딱히 두려움을 가질 필요도, 굳이 기를 쓰고 막을 필요도 없기 때문이다. 조건 없는 기본소득도 진짜로 하나의 유토피아에 지나지 않는 것이었다면, 아마 아무도 굳이 나서서 반대하려고 하지 않았을 것이다.

시민단체 '조건 없는 기본소득을 위하여'는 살아가는 데 꼭 필요한 기본적인 소득을 조건 없이 어느 누구한테나 모두 보장하자고 제안한다. 조건 없는 기본소득을 조건들로 얽어매려고 하는 것은 졸렬한 짓이다. 풍요로운 세상에 빈곤이, 자유로운 사회에 부자유가 창궐하게 놓아두는 것도 멍청하기 짝이 없는 짓이다.

조건 없는 기본소득은 아무것도 요구하지 않는다. 누구에게는 더 많이 지급하고, 누구에게는 더 적게 지급하는 것도 아니다. 누구한테나 안전해야 하는 것을 안전하게 보장하려는 것일 뿐이다. 그 이상도 이하도 아니다. 조건 없는 기본소득은 유토피아가 아니다.

붙임

기본소득
이해사전

국민투표를 위한 기초자료

시민단체 '조건 없는 기본소득을 위하여'는 무엇에 관해 국민투표가 실시되기를 원하는가?

스위스연방의 헌법에 다음과 같은 조항을 삽입하는 문제에 관해 국민투표가 실시되기를 원한다.

조항 110a (새로운 조항) 조건 없는 기본소득

1. 연방정부는 조건 없는 기본소득의 도입을 준비한다.
2. 기본소득은 국내 모든 주민이 인간으로서의 존엄성과 사회적 삶을 실현할 수 있게 하는 것을 목적으로 한다.
3. 기본소득의 재원과 액수에 관해서는 특별법으로 정한다.

조건 없는 기본소득이란 무엇인가?

조건 없는 기본소득은 하나의 기본권이다. 조건 없는 기본소득은 살아가는 데 누구에게나 꼭 필요한 기본적인 소득을 조건 없이 보장한다. 하나의 기본권인 조건 없는 기본소득에 대해서는 그 대가로 어떤 것이 요구되거나 어떤 검열도 행해질 수 없다.

조건 없는 기본소득은 누가 받는가?

조건 없는 기본소득은 국내에 합법적으로 거주하는 모든 주민들에게 지급된다. 단, 해외로 이주하거나 이민을 가는 사람의 기본소득은 지급기간이 조정된다.

조건 없는 기본소득의 금액은?

조건 없는 기본소득은 인간으로서의 존엄성과 사회적 삶이 실현될 수 있는 정도의 금액이어야 한다. 스위스에 거주하는 성인의 경우에는 1인당 한 달에 약 2,500프랑 정도가 필요할 것으로 추산된다. 미성년자의 경우에는 금액이 줄어든다. 기본소득의 정확한 금액은 입법 활동을 통해 정해질 것이다.

조건 없는 기본소득의 재원은 어떻게 마련되는가?

조건 없는 기본소득의 재원을 마련하는 방식도 마찬가지로 입법 활동을 통해 결정되어야 할 문제이다. 지출의 규모에 따라 (소비세의 형태로) 징수될 수도 있고, 수입의 규모에 따라 (소득세의 형태로) 징수될 수도 있다. 이 두 가지 말고도 기본소득의 규모에 맞추어 다양한 방식이 선택될 수 있을 것이다.

얼마나 많은 자금이 필요한가?

조건 없는 기본소득을 시행하기 위한 자금을 마련하는 일은 일종의 제로섬게임이다. 원칙적으로 보자면 모두가 기본소득을 지급받기 때문에 총소득은 기존보다 기본소득으로 지급되는 부분만큼 늘어나게 된다. 하지만 그에 맞추어 이제까지 국가와 기업이 지급하던 비용은 기본소득으로 지급되는 부분만큼 줄어든다. 그래서 결국 조건 없는 기본소득이 시행되더라도 총소득에는 변함이 없으므로, 자금이 추가로 필요한 것은 아니다.

조건 없는 기본소득을 도입하기 위해
필요한 것은 무엇인가?

어떤 의미에서 우리는 이미 기본소득을 실천하고 있다. 그렇지 않다면 지금까지 우리는 기본적인 생활을 할 수 없었을 것이다. 조건 없는 기본소득에서 새로운 것이 있다면 단지 조건이 없다는 수식어가 덧붙는다는 점뿐이다.

조건 없는 기본소득을 도입하기 위해 필요한 것이 있다면, 그것은 추가적인 자금이 아니라 믿음이다. 만약 조건이 없다는 수식어 때문에 우리가 게으름뱅이가 된다면 조건 없는 기본소득은 재원 부족으로 지속될 수 없을 것이다. 따라서 자금과 관련된 실질적인 질문을 한다면, 이러한 내용이 될 것이다. '어떻게 해야 생존에 대한 조건 없는 보장이 우리들의 능동적인 노동으로 더 효과적으로 연결될 수 있을 것인가?'

실제적인 운영의 예

한 달에 7,500프랑을 버는 스위스인이 있다고 하자. 기본소득이 시행되면 그 7,500프랑은 기본소득 2,500프랑과 추가소득 5,000프랑으로 구성된다. 그러므로 그의 소득은 기본소득이 시행되기 전이나 뒤에나 차이가 없이 7,500프랑이다.

국민경제적 맥락

만약 스위스에서 조건 없는 기본소득이 시행된다면 그 규모는 연간 총 2,000억 프랑 정도가 될 것으로 추산된다. 국내총생산의 3분의 1에 해당하는 금액이다. 2,000억 프랑 가운데 1,300억 프랑 정도는 기존의 소득에서 조건 없는 기본소득으로 전환될 것으로 보인다. 그리고 나머지 700억 프랑이 국가의 세수에서 조건 없는 기본소득으로 지급되는 금액이 될 것이다.

기본소득
오해사전

모두를 위한 임금?

임금은 노동의 성과에 대한 보수이다. 그렇지만 조건 없는 기본소득은 모든 형태의 임금과는 달리 노동의 성과를 전제조건으로 하지 않는다. 조건 없는 기본소득은 조건 없이 지급되므로 임금이나 보수가 아니다. 곧 임금은 노동을 통해 벌어들인 돈이지만, 조건 없는 기본소득은 노동을 하기 위해 필요한 돈이다.

무위도식을 위한 돈?

기본소득은 우리가 강요된 노동에서 벗어나 능동적으로 일을 하기 위한 것이다. 따라서 조건 없는 기본소득이 일할 필요 없는 안락한 삶을 위한 것이라는 생각은 잘못된 것이다. 이런 잘못된 생각은 어쩔 수 없는 상황이 아니면 아무도 일하려 하지 않을 것이라는 가정에 근거를 두고 있다. 이런 가정에 따라 실제로 오늘날 우리는 근무시간이 끝나면 일 따위는 돌아보려고도 하지 않는다. 조건 없는 기본소득은 노동의욕을 빼앗지 않는다. 오히려 생존을 위해 어쩔 수 없이 일해야 하는 상황 자체를 막아서 우리의 노동의욕을 고취시킨다.

추가 소득?

조건 없는 기본소득은 추가적인 소득이 아니라, 말 그대로 기본적인 소득이다. 만약 조건 없는 기본소득이 추가적인 소득이라면 유토피아적이라고 비난받아 마땅하다. 그렇지만 많은 사람들이 이렇게 생각하고 있는 것이 사실이다. 실제로 사람들은 기본소득에 대해 기발한 발상이기는 하지만 애당초 자금 조달이 불가능한 뜬구름 잡는 소리로 여긴다.

조건 없는 기본소득은 생존의 기반을 조건 없이 보장해서 기존의 모든 소득을 생존이라는 조건으로부터 자유롭게 하는 것일 뿐이지, 추가적인 자금을 필요로 하는 것은 아니다. 어떤 개인의 소득이 기본소득을 넘는 경우에 그의 소득에는 이미 그의 기본소득이 포함되어 있다. 단지 소득이 없거나, 아니면 소득이 있더라도 그것이 생존을 위해 꼭 필요한 기본적인 소득에 미치지 못하는 경우에만 재원을 마련해 그 차액을 지급하게 되는 것이다.

이것은 소모적인 지출이 아니라, 경제의 활성화와 사회적 성과의 창출로 이어질 일종의 투자이다.

사회복지체계를 붕괴시킨다?

조건 없는 기본소득이 시행되더라도 사회복지체계는 붕괴되지 않는다. 적어도 기존의 복지 수준은 유지될 것이다. 사회복지의 전반적인 수준이 기본소득 수준으로 내려앉게 될 것이라는 주장은 사회민주주의자들이 쉽게 걸려들게 신자유주의자들이 만들어놓은 함정일 뿐이다. 사회민주주의자들은 사회복지를 지금의 수준으로 끌어올린 자신들의 공로가 기본소득에 의해 허물어지지 않을까 두려워한다. 하지만 조건 없는 기본소득 때문에 사회복지의 수준이 내려앉지는 않을 것이다. 오히려 조건 없는 기본소득은 우리들로 하여금 저마다 자신이 원하는 복지의 형태를 스스로 결정하게 해서 사회복지체계가 더 자유롭게 작동될 수 있게 할 것이다.

선량한 사람들에게만 지급해야 한다?

적잖은 사람들이 조건 없는 기본소득은 선량한 사람들에게만 지급되어야 한다고 생각한다. 이런 생각은 이상적인 인간의 모습을 전제로 하고 있다. 그들은 세상에 선량한 사람들만 있는 것이 아니므로 모두에게 똑같이 기본소득을 지급하는 것은 우리 사회를 위험에 빠트리는 짓이라고 생각한다. 사회에 해를 끼친 사람에게까지 조건 없이 기본소득을 지급하는 것은 사회적인 책임을 저버리는 것이라고 생각한다.

그렇지만 조건 없는 기본소득은 전혀 다른 시각으로 이 문제를 바라본다. 우리 사회가 짊어져야 할 책임은 사회구성원들이 실수하지 않고 사회를 위해 좋은 일만 하도록 만드는 것이 아니라, 실수를 하더라도 생존의 기반을 잃지 않게 하는 것이다. 조건 없는 기본소득은 이상적인 인간의 모습을 전제로 하지 않는다. 단지 우리 모두에게 잠재되어 있는 선량함이 실현될 수 있게 도울 뿐이다.

더러운 일은 아무도 하려고 하지 않을 것이다?

조건 없는 기본소득이 시행된다면 더러운 일은 누가 하는가? 이것은 기본소득과 관련하여 가장 많이 제기되는 질문 가운데 하나이다. 조건 없는 기본소득은 노동이라는 인간의 활동에 부정적인 영향을 끼칠 수밖에 없지 않겠는가? 기본소득이 보장되어 있는데 도대체 누가 일하려고 하겠는가? 과연 자발적으로 일하려는 사람이 있겠는가?

이와 같은 모든 질문들은 실제로는 질문이 아니라 질문의 모양을 갖춘 주장이라는 공통점을 지닌다. 그러나 더러운 일과 관련해 우리가 먼저 던져야 할 실질적인 질문은 다음과 같다. 어떤 일을 더러운 일로 만드는 것은 무엇인가? 더러운 것을 제거하는 작업과정인가, 형편없는 보수인가, 사람들이 그 일을 하찮게 여기기 때문인가?

더러운 것은 일이 아니다. 어떤 일이 더러운 일이라는 오명을 뒤집어쓰게 되는 것은 그 일을 둘러싼 이런저런 사정들 때문이다. 기본소득은 어떤 일을 더러운 일로 만들어버리는 사정들을 드러나게 해서 그 일에 덧씌워진 더러운 일이라는 오명을 벗겨줄 것이다.

인플레이션이 발생할 것이다?

조건 없는 기본소득이 시행되면 그 때문에 인플레이션이 발생하게 될 것이라는 우려는 기본소득을 추가적인 소득으로 생각하는 잘못에서 비롯된 것이다. 원칙적으로 볼 때 조건 없는 기본소득 때문에 총소득이 달라지지는 않는다. 그러므로 기본소득 때문에 인플레이션이 발생하지는 않을 것이다. 물론 어떤 상품들의 가격이 변하기는 할 것이다. 제값을 받지 못하고 있던 것들은 가격이 오를 것이고, 터무니없이 부풀려진 값으로 거래되던 것들은 가격이 내려갈 것이다.

재분배의 도구?

조건 없는 기본소득 덕분에 빈부격차가 줄어드는 재분배의 효과가 나타날 것이라고 기대감을 갖는 사람들도 있고, 반대로 두려움을 느끼는 사람들도 있다. 그렇지만 기본소득이 그런 기대감을 충족시키지는 못할 것이므로 기본소득 때문에 그런 두려움을 느낄 필요도 없다.

조건 없는 기본소득으로 재분배되는 것은 돈이 아니라 권력이다. 기본소득은 우리 모두로 하여금 돈의 권력 앞에 고개를 숙이고 굽실거릴 필요가 없게 만들어 주기 때문이다.

전 세계가 함께 시행할 때에만?

다른 나라에서는 수백만 명의 사람들이 굶주림으로 죽어가고 있는데, 부유한 스위스에서 조건 없는 기본소득을 시행하는 것은 비윤리적이지 않느냐고 말하는 사람들도 적지 않다. 생존의 위협을 겪고 있는 다른 곳을 외면하고 자신들의 풍요에만 신경을 쓴다면, 이는 비난받아마땅할 일이다. 하지만 기본소득이 이런 비난의 대상이 될 수는 없다. 물론 스위스에서 조건 없는 기본소득이 시행된다고 해서 세계의 기아문제가 해결되지는 않는다. 그러나 뭔가 좋은 것을 다른 사람이 하지 않는다고 해서 나도 하지 않겠다고 하는 것은 매우 근시안적인 행동이다. 조건 없는 기본소득은 이런 좁은 시각이 치유될 수 있도록, 나아가 내가 가진 좋은 생각이 다른 곳으로도 확산될 수 있도록 도와준다.

이민자로 넘쳐나게 될 것이다?

조건 없는 기본소득이 시행되면 외국인들이 몰려들지 않을까? 아니다. 이민은 관련 법률에 따라 허가를 받아야 가능한 것이므로, 이민의 문제는 근본적으로 기본소득과는 관련이 없다. 더구나 사람들이 이민을 떠나는 근본적인 원인은 다른 나라에서 얻게 될 기회 때문이 아니다. 자기 나라에서 기회를 얻을 수 없기 때문이다.

입막음을 위한 당근?

일반적으로 돈을 받은 사람은 그에 상응하는 뭔가를 해야 한다. 아무것도 바라지 않고 그냥 돈을 주는 사람은 없다. 그렇다면 조건 없는 기본소득이 우리에게 바라는 것은 무엇일까?

조건 없는 기본소득이 일종의 가사 장려금이라고 말하는 사람들도 있다. 그들은 기본소득이 시행되면 사람들이 사회가 어떻게 돌아가든 집안일이나 하면서 집안에 틀어박혀 지내게 될 것이라고 불안해한다. 그러나 이것은 근거 없는 불안일 뿐이다. 조건 없는 기본소득은 말 그대로 조건 없이 지급되는 것이므로 그것으로 무엇을 할 것인지는 우리 스스로가 결정한다.

조건 없는 기본소득이 일종의 침묵 장려금이라고 말하는 사람들도 있다. 불평하지 말고 조용히 지내라고 주는 일종의 당근이라는 것이다. 이것도 잘못된 지적이다. 조건 없는 기본소득은 침묵하라고 주는 당근이 아니다. 오히려 우리 자신의 목소리를 마음껏 내라고 마련되는 광장과도 같은 것이다.

글쓴이의 주

첫째 주제 | 노동

1) Ludwig Hohl, *Die Notizen oder Von der unvoreiligen Versöhnung* 메모들 혹은 서두르지 않는 화해에 관하여, Frankfurt, 1984, p. 32.

2) Jean Ziegler, *Wir lassen sie verhungern. Die Massenvernichtung in der Dritten Welt* 우리가 그들을 굶어 죽게 하고 있다. 제3세계의 대량학살, München, 2013 참조.

3) Georges Bataille, *Das theoretische Werk I : Die Aufhebung der Ökonomie* 이론적인 작품 I, 경제학의 종언, München, 1975 참조.

4) Peter Sloterdijk, "Laudatio auf Götz W. Werner anlässlich seiner Aufnahme in die Hall of Fame des Manager Magazins 매니저-매거진 지의 명예의 전당에 오른 괴츠 베르너에게 바치는 찬사", 2012.06.13, URL: http://www. unternimm-die- zukunft.de/media/medialibrary/2012/06/laudatio_sloterdijk.pdf (2015.05.30.).

5) Deutsches Institut für Wirtschaftsforschung, "Chinas Wirtschaft – Wie geht es weiter? 중국 경제 – 어떻게 될 것인가", *DIW Wochenbericht*, Nr. 41/2013, URL: http://www.diw.de/documents/publikationen/73/diw_01.c.429028. de/13-41.pdf (2015.05.30.) 참조.

6) Bundesamt für Statistik, "Sparquote privater Haushalte 가계저축률", 2013.09.03, URL: http://www.bfs.admin.ch/bfs/portal/de/index/themen/00/09/ blank/ind42.

indicator.420004.420001.html (2015.05.30.).

7) Rolf Zimmermann, "Vollbeschäftigung bleibt das Ziel 완전고용은 여전히 우리들의 목표이다", *Die Wochenzeitung*, Nr. 16/2012, URL: https://www.woz.ch/-29e1 (2015.05.30.).

8) Lutz Haverkamp, "Angela Merkel erklart Vollbeschäftigung zum politischen Ziel 앙겔라 메르켈 완전고용을 정치적 목표로 선언하다", *Der Tagesspiegel*, 2013.09.09, URL: http://www.tagesspiegel.de/politik/ard-wahlarena-angela-merkel-erklaert- vollbeschaeftigung-zum-politischen-ziel/8765294.html (2015.05.30.) 참조.

9) Jeremy Rifkin, "Wir verlieren unsere Arbeit an Maschinen 기계가 우리의 일자리를 잠식할 것이다", *The European*, Nr. 1/2015, URL: http://www.theeuropean.de/ jeremy-rifkin/9333-die-zukunft-der-arbeitswelt (2015.05.30.).

10) Joachim Laukenmann, "Menschheit steht vor dem größten Umbruch seit der industriellen Revolution 인류는 산업혁명 이래 가장 급진적인 변혁에 직면해 있다", *Sonntagszeitung*, Nr. 1/2015, URL: http://www.sonntagszeitung.ch/read/ sz_04_01_ 2015/gesellschaft/Menschheitsteht-vor-dem-groessten-Umbruch-seit-der-industriellen-Revolution-23180 (2015.05.30.) 참조.

11) Jeremy Rifkin, *The End of Work : The Decline of the Global Labor Force and the Dawn of the Post-Market Era*, 이영호 옮김, 『노동의 종말』, 민음사 1996.

12) Robert Solow, "Arbeit ohne Ende 끝없는 노동", *The European*, Nr. 3/2013, URL: http://www.theeuropean.de/robert-solow/7088-angst-vor-der-automatisieru ng-der-arbeit (2015.05.30.).

13) Theo Wehner · Sascha Liebermann, "Das bedingungslose Grundeinkommen macht nicht faul 조건 없는 기본소득이 세상을 망치지는 않을 것이다", *Zeit Online*, 2011.12.30, URL: http://www.zeit.de/politik/deutschland/2011-12/ bedingungsloses–grundeinkomme-interview (30.05.2015).

14) "The next supermodel 다음 슈퍼모델", *The Economist*, 2013.02.02, URL: http:// www.economist.com/news/leaders/21571136-politicians-both-right-and-leftcould-learn-nordic-countries-next-supermodel (2015.05.30.) 참조.

15) Jürgen Hoffmann, "Roboter erobern deutsche Haushalte 로봇이 독일의 가정을

점령한다", *Spiegel Online*, 2013.04.06, URL: http://www.spiegel.de/wirtschaft/ robotik-roboter-erobernhaushalte-a-888178.html (2015.05.30.) 참조.

16) Sandra Schulz, "Paro, der Glucklichmach-Roboter 파로, 행복제조-로봇", *Spiegel Online*, 2006.10.24, URL: http://www.spiegel.de/panorama/gesellschaft/ pluesch- techfuer-senioren-paro-der-gluecklichmach-roboter-a-443593.html (2015.05.30.) 참조.

17) 테살로니카 신자들에게 보낸 둘째 시간, 3장 10절.

18) Götz W. Werner, *Einkommen für alle. Der dm-Chef über die Machbarkeit des bedingungslosen Grundeinkommens* 모두를 위한 소득. 데엠 사의 회장이 생각하는 조건 없는 기본소득의 가능성, Köln, 2007, p. 60 이하 참조.

19) Bertolt Brecht, *Die Dreigroschenoper*, 이원양 옮김, 『서푼짜리 오페라』, 지만지, 2011.

20) Andre Gorz, *Wege ins Paradies. Thesen zur Krise, Automation und Zukunft der Arbeit* 낙원으로 가는 길. 노동의 위기, 자동화 그리고 미래에 관한 테제들, Berlin, 1984 참조.

21) Helmut Gold(엮음), *Wer nicht denken will, fliegt raus. Joseph Beuys Postkarten* 생각하려 하지 않는 사람은 자신이 자기 스스로를 몰아내는 사람이다. 요셉 보이스의 우편엽서, Heidelberg, 1998 참조.

22) Wassily Leontief, *Input-Output-Economics* 인풋 아웃풋 경제학, New York, 1986, p. 372.

23) Claudia Aebersold, "Zahnpastaverkäufer und Philanthrop 치약판매자와 박애주의자", *Neue Zürcher Zeitung*, 2014.01.13, URL: http://www.nzz.ch/wirtschaft/ zahnpastaverkaeufer-und-philanthrop-1.18219733 (2015.05.30) 참조.

24) Hannah Arendt, *Vita activa oder Vom tätigen Leben* 능동적인 삶 또는 일하는 삶에 관하여, München, 2007, p. 13.

25) Steve Denning, "Is Montessori The Origin of Google & Amazon? 구글과 아마존의 기원은 몬테소리인가?", *Forbes*, 2011.02.08, URL: http://www. forbes.com/sites/ stevedenning/2011/08/02/is-montessori-the-origin-of-google- amazon/ (2015.05.30.) 참조.

26) Daniel H. Pink, *Drive. Was Sie wirklich motiviert*, 김주환 옮김, 『드라이브: 창

조적인 사람들을 움직이는 자발적 동기부여의 힘』, 청림, 2011 참조.

27) Uri Gneezy · Aldo Rustichini, "Pay Enough or Don't Pay at All 충분히 지불하라 아니면 아예 지불하지 말라", *Quarterly Journal of Economics*, Nr. 115/2000, p. 791-810, URL: http://pages.uoregon.edu/harbaugh/Readings/ Misc%20experimental /gneezy%202000%20QJE%20pay%20enough.pdf (30.05.2015) 참조.

28) Matthias Benz · Bruno S. Frey, "The value of doing what you like. Evidence from the self-employed in 23 countries 자신이 좋아하는 일을 하는 것의 가치. 23개국의 자영업자들이 보여주는 증거", *Journal of Economic Behavior & Organization*, Nr. 68/2008, p. 445-455, URL: https://www.hanley.wiso. uni-kiel.de/downloads/seminar-2014/seminar_benz_sme.pdf (2015.05.30.) 참조.

29) 마태오 복음서 4장 4절.

30) Karl-Martin Dietz, *Führung: Was kommt danach? Perspektiven einer Neubewertung von Arbeit und Bildung* 통치: 그 결과는? 노동과 교육에 대한 새로운 가치판단을 위한 관점들, Karlsruhe, 2011, p. 32.

31) Wolfgang Brückner, *'Arbeit macht frei.' Herkunft und Hintergrund der KZ-Devise* '노동이 자유를 줄 것이다' 강제수용소-표어의 기원과 배경, Opladen, 1998 참조.

사잇글 1 │ 반대하는 사람들

32) "Arena: Geld fur alle: Vision oder Spinnerei? 아레나: 모두를 위한 돈: 비전 혹은 망상?", 스위스국영방송국(SRF), 2012.04.27, URL: http://www.srf.ch/play/ tv/ arena/video/geld-fuer-alle-vision-oder-spinnerei?id=b657de9a-7fad-4920-953c-df1bfe5b59aa (2015.05.30.) 참조.

33) Michael Schoenenberger, "Das Grundeinkommen raubt dem Menschen seine Freiheit 기본소득은 사람들에게서 자유를 앗아간다", *Neue Zürcher Zeitung*, 2012.04.13, URL: http://www.nzz.ch/aktuell/startseite/das-grundeinkommen-raubt-dem-menschen-seine-freiheit-1.16412086 (2015.05.30.).

34) Rudolf Strahm · Süßer Traum, "Das bedingungslose Grundeinkommen 달

콤한 꿈: 조건 없는 기본소득", *Infosperber*, 2012.06.12, URL: http:// www.infosperber.ch/ FreiheitRecht/Susser-Traum-Das-bedingungslose- Grundeinkommen (2015.05.30.).

35) Philipp Müller · Daniel Häni, "Epochale Entscheidung - Jeder Anreiz fällt weg 획기적인 결정 – 모든 자극의 중지", *Aargauer Zeitung*, 2012.10.17, URL: http:// www.grundeinkommen.ch/wp-content/uploads/Aargauer_Zeitung_ Mittwoch_17_ Oktober_20121.pdf (30.05.2015).

36) Katja Gentinetta, "Freiheit für alle – Verantwortung für alle andern 모두를 위 한 자유 – 모두를 위한 책임", philosophie.ch, 2014.11.21, URL: http://blogs. philosophie.ch/grundeinkommen/2014/11/21/freiheit-fuer-alle-verantwortung- fuer-alle-andern/ (2015.05.30.).

37) Reiner Eichenberger, "Ein Grundeinkommen führt zur Knechtschaft und nicht zur Freiheit 기본소득은 우리를 자유가 아닌 예속으로 이끈다", *Neue Zürcher Zeitung*, 2010.12.06, URL: http://www.nzz.ch/aktuell/startseite/ein- grundeinkommen-fuehrt-zur-knechtschaft-und-nicht-in-die-freiheit-1.8572095 (2015.05.30.).

38) Gregor Gysi, "Frage zum Thema Demokratie und Bürgerrechte 민주주의와 시 민의 권리에 관한 질문", abgeordnetenwatch.de, 2012.11.26, URL: http://www. abgeordnetenwatch.de/dr_gregor_gysi-575-37621—f362022.html#q362022 (2015.05.30).

39) Beat Kappeler, "Bedingungsloses Grundeinkommen ist unüberlegt, unliberal, asozial 조건 없는 기본소득은 신중하지도, 자유주의적이지도, 사회민주주 의적이지도 않다", *Neue Zürcher Zeitung*, 2011.03.27, URL: http://www.nzz. ch/aktuell/ startseite/mein-standpunkt-bedingungsloses-grundeinkommen-ist- unueberlegt-unliberal-asozial-1.10040045 (2015.05.30.).

40) Christoph Mörgeli, "Schlaraffenland und Steuerhölle 게으름뱅이천국 과 세금지옥", *Weltwoche*, Nr. 41/2013, URL: http://www.weltwoche.ch/ ausgaben/2013-41/ moergelischlaraffenland-und-steuerhoelle-die-weltwoche- ausgabe-412013.html (2015.05.30.).

41) Patrick Feuz, "So werden wir nicht glücklicher 그래서 우리는 행복하지 않

다", *Tages-Anzeiger*, 2014.08.03, URL: http://www.tagesanzeiger.ch/schweiz/ standard/So-werden-wir-nichtgluecklicher/story/22006694 (30.05.2015).

42) Hansueli Schöchli, "Per Dekret ins Paradies 명령 내려 천국으로", *Neue Zürcher Zeitung*, 2013.10.02, URL: http://www.nzz.ch/aktuell/startseite/per-dekret-ins-paradies-1.18159926 (2015.05.30.).

43) Balz Ruchti · Yaël Debelle · Peter Johannes Meier, "Geld für alle: Kann das gutgehen? 모두에게 기본소득을: 가능한 일인가?", *Beobachter*, Nr. 20/2013, URL: http://www.beobachter.ch/geldsicherheit/sozialhilfe/artikel/ bedingungsloses-grundeinkommen_geld-fueralle-kann-das-gutgehen/ (2015.05.30.) 참조.

44) Daniela Schneeberger, "Das bedingungslose Grundeinkommen ist bedingungslos abzulehnen 조건 없는 기본소득은 조건 없이 거부되어야 한다", *Tages-Anzeiger*, 14.10.2013, URL: http://politblog. tagesanzeiger.ch/blog/index.php/ author/daniela- schneeberger/?lang=de (2015.05.30.).

45) Manfred Rösch, "Komfortable Stallfutterung 안락한 사육", *Finanz und Wirtschaft*, 2013.10.15, URL: http://www.fuw.ch/article/komfortable-stallfutterung–2/ (2015.05.30.).

46) Oswald Sigg · Corrado Pardini, "Streit um eine Utopie 유토피아를 위한 투쟁", *Tageswoche*, 2012.10.12, URL: http://www.tageswoche.ch/de/2012_41/ schweiz/ 469680/ (2015.05.30.).

47) Lukas Rühli, "Einkommen ohne Grund. Warum das bedingungslose Grundeinkommen keines seiner Versprechen hält 근거 없는 소득. 조건 없는 기본소득이 자신의 약속을 지킬 수 없는 이유", *avenir standpunkte*, Nr. 5/2014, URL: http://www.avenir-suisse.ch/wp-content/uploads/2014/04/as_ grundeinkommen_hp.pdf (2015.05.30.).

48) Rainer Hank · Götz W. Werner, "Brüderlichkeit und Grundeinkommen: Wie funktioniert heute Solidarität? 형제애와 기본소득: 오늘날 연대는 어떻게 작동하는가?", *SWR2 Forum*, 2010.09.02, URL: http://www.swr.de/swr2/ service/audio-on- demand/-/id=661264/did=6845716/pv=mplayer/vv=popup/ nid=661264/1dannw0/index.html (2015.05.30.).

49) Otfried Höffe, "Das Unrecht des Burgerlohns 시민임금의 부당성", *Frankfurter Allgemeine Zeitung*, 2007.12.22.

50) Klipp & Klar, "1500 Euro fürs Nichtstun! Grundeinkommen statt Hartz IV? 아무것도 하지 않아도 1500유로를! 노동시장의 개혁 대신 기본소득?", *RBB*, 2006. 09.26, URL: http://www.rbb-online.de/_/klippundklar/beitrag_jsp/ key=rbb_beitragex_4828 440.html (2015.05.30.) 참조.

51) Wolfgang Kersting, *Theorien der sozialen Gerechtigkeit* 사회적 공정성 이론, Stuttgart, 2000, p. 272 이하.

52) Julian Nida-Rümelin, "Zur Kritik der Idee eines bedingungslosen Grundeinkommens 조건 없는 기본소득에 대한 비판적 검토", *Neue Gesellschaft/Frankfurter Hefte*, Nr. 7-8/2008, URL: http://www.frankfurter-hefte.de/upload/Archiv/2008/Heft_07-08/NGFH_Jul-Aug_08_Archiv_Nida-Rmelin.pdf (2015.05.30.).

53) Angela Merkel, "Enquete Kommission Grundeinkommen 기본소득 설문 위원회", direktzu.de, 2008.02.08, URL: http://www.direktzu.de/kanzlerin/messages/ 15587 (2015.05.30.).

54) Sahra Wagenknecht, "Frage zum Thema Soziales 사회적인 것에 관한 질문", abgeordnetenwatch.de, 2008.05.14, URL: http://www.abgeordnetenwatch. de/ sarah_wagenknecht_niemeyer-651-12385-f105280.html#q105280 (2015.05.30).

55) Oswald Metzger, "Ich bin auf dem Sprung 나는 여유가 없다", *Stern Online*, 2007.11.20, URL: http://www.stern.de/politik/deutschland/oswald-metzger-ich-bin-aufdem-sprung-603071.html (2015.05.30.).

56) Norbert Blüm, "Wahnsinn mit Methode 미치광이의 방식", *Die Zeit*, Nr. 17/2007, URL: http://www.zeit.de/2007/17/Grundeinkommen (2015.05.30.).

57) Heiner Flassbeck, "Helikoptergeld – oder wer über das Kuckucksnest fliegt 헬리콥터머니 – 뻐꾸기 둥지 위로 날아오르는 사람들", *flassbeck-economics*, 2015.03.11, URL: http://www.flassbeck-economics.de/helikoptergeld-oder-wie-springt-man-ueber-das-kuckucksnest/?output=pdf (2015.05.30.).

1) Schweizerischer Bundesrat, "Botschaft zur Volksinitiative 'Für ein bedingungs-loses Grundeinkommen' 시민운동단체 '조건 없는 기본소득을 위하여'에 관한 보고서", *Bundesblatt*, Nr. 37/2014, URL: https://www.admin.ch/opc/de/federal-gazette/2014/6551.pdf (2015.05.30.) 참조

2) Bruno S. Frey, "Wie vertragen sich direkte Demokratie und Wirtschaft? 직접민주주의와 경제는 어떻게 공존하는가?", *Neue Zürcher Zeitung*, 2014.03.19, URL: http://www.nzz.ch/meinung/debatte/wie-vertragen-sichdirekte-demokratie-und-wirtschaft-1.18265687 (2015.05.30.).

3) Andreas Gross, "Das Grundeinkommen und das Selbstverständnis der Demokratie. Redebeitrag anlässlich der Basler Tagung der Stiftung Kulturimpuls Schweiz 민주주의의 자기 이해와 기본소득. 스위스 쿨투어임풀스재단 바젤회의 연설문", 2014.01.25, URL: http://www.andigross.ch/ (2015.05.30.).

4) Felix Schindler, "Volk schmettert Mindestlohn ab 국민들이 최저임금제를 거부한다", *Tages-Anzeiger*, 2014.05.18, URL: http://www.tagesanzeiger.ch/schweiz/standard/Volkschmettert-Mindestlohn-ab/story/31933204 (2015.05.30.) 참조.

5) Raphaela Birrer, "1:12-Initiative scheitert mit 65,3 Prozent 1:12 시민운동이 65.3퍼센트의 반대로 실패로 끝났다", *Tages-Anzeiger*, 24.11.2013, URL: http:// www.tagesanzeiger.ch/schweiz/standard/112Initiative-scheitert-mit-653-Prozent/ story/12027169 (2015.05.30.) 참조.

6) Stefan Brotbeck, "Vergällte Freiheit? Zur Phänomenologie der Unfreiheit 흥이 깨져버린 자유? 억압된 자유의 현상학을 위하여", in: Götz W. Werner · Peter Dellbrügger(엮음), *Wozu Führung? Dimensionen einer Kunst 통치는 왜? 예술의 차원들*, Karlsruhe, 2013, p. 3; Stefan Brotbeck, *Heute wird nie gewesen sein. Aphorismen 오늘은 한 번도 존재한 적이 없었다. 잠언들*, Basel, 2011, p. 129 참조.

7) Peter Normann Waage, *Ich. Eine Kulturgeschichte des Individuums 나, 개인에 관한 하나의 문화사*, Stuttgart, 2014 참조.

8) Arno Widmann, "Familie als Lebensabschnitt 삶의 특정한 한 시기로서의 가족",

Berliner Zeitung, 2014.02.12, URL: http://www.berliner-zeitung.de/meinung/ leitartikel-zum-elternunterhalt-familie-als-lebensabschnitt,10808020,26175988. html (2015.05.30.).

9) Gustav Radbruch, *Vorschule der Rechtsphilosophie* 법철학 예비학교, Göttingen, 1959, p. 25.

10) Yannick Vanderborght · Philippe Van Parijs, *Ein Grundeinkommen für alle? Geschichte und Zukunft eines radikalen Vorschlags* 모두를 위한 기본소득? 한 급진적인 제안의 역사와 미래, Frankfurt, 2005, p. 21 참조.

11) BIEN-Schweiz(엮음), *Die Finanzierung eines bedingungslosen Grundein-kommens* 조건 없는 기본소득의 자금 조달, Zürich, 2010; Dirk Jacobi · Wolfgang Strengmann-Kuhn(엮음), *Wege zum Grundeinkommen* 기본소득으로 가는 길, Berlin, 2012; Helmut Pelzer, *Das bedingungslose Grundeinkommen. Finanzierung und Realisierung nach dem mathematisch fundierten Transfergrenzen-Modell* 조건 없는 기본소득. 수리적으로 살펴본 자금조달-모델의 실현 가능성, Stuttgart, 2010; Thomas Straubhaar(엮음), *Bedingungsloses Grundeinkommen und Solidarisches Bürgergeld – mehr als sozialutopische Konzepte* 조건 없는 기본소득과 연대적 시민급여 – 유토피아적 발상 그 이상의 의미, Hamburg, 2008; André Presse, *Grundeinkommen. Idee und Vorschläge zu seiner Realisierung* 기본소득. 그 실현을 위한 제안들, Karlsruhe, 2010; Götz W. Werner · Wolfgang Eichhorn · Lothar Friedrich(엮음), *Das Grundeinkommen. Würdigung – Wertungen – Wege* 기본소득. 의미평가 · 가치평가 · 실현가능성, Karlsruhe, 2012; Götz W. Werner · André Presse(엮음), *Grundeinkommen und Konsumsteuer. Impulse für 'unternimm die zukunft'* 기본소득과 소비세. 시민운동 '미래를 위한 기획'이 주는 충격, Karlsruhe, 2007 참조.

12) Oswald von Nell-Breuning, *Worauf es mir ankommt. Zur sozialen Verantwortung* 우리 자신에게 달려있는 것. 사회적인 책임에 관하여, Freiburg, 1983, p. 62.

13) Daniel Häni · Enno Schmidt, *Grundeinkommen. Das Heft zum Film* 기본소득. 영화 제작노트, Basel, 2008, p. 12.

14) Max Weber, *Wirtschaft und Gesellschaft. Grundriss der verstehenden Soziologie,*

박성환 옮김, 『경제와 사회』, 문학과 지성사, 1997 참조.

15) Hannah Arendt, *Macht und Gewalt* 권력과 폭력, München, 2003 참조.

사잇글 2 | 찬성하는 사람들

16) Götz W. Werner, "Das manische Schauen auf Arbeit macht uns alle krank 일자리에 대한 강박은 우리를 병들게 한다", *Stern*, Nr. 17/2006, URL: http://www. stern.de/wirtschaft/job/grundversorgung-das-manische-schauen-auf-arbeit-macht-uns-alle-krank-560218.html (2015.05.30.).

17) Jean Ziegler, "Zeit ist menschliches Leben 인간적인 삶을 위한 시간", *a tempo*, Nr. 10/2006.

18) Peter Ulrich, "Der Kapitalismus hat nicht gesiegt 자본주의가 승리한 것은 아니다", *Südkurier*, 2005.05.21 URL: http://www.aktive-demokraten.de/pdfs/ Suedkuri er-21-05-05.pdf (2015.05.30.).

19) Oswald Sigg, "Es braucht eine AHV ab dem ersten Lebensjahr! 국민연금은 태어날 때부터 지급되어야 한다!", *Tages-Anzeiger*, 2014.08.27, URL: http:// www. tagesanzeiger.ch/schweiz/standard/Esbraucht-eine-AHV-ab-dem-ersten-Lebensjahr/story/29119687 (2015.05.30.).

20) Marina Weisband, "Vollbeschäftigung halte ich für rückständig 완전고용은 허울 뿐인 구호일 뿐이다", *Kurier*, 27.09.2013, URL: http://kurier.at/politik/ausland/ marina-weisband-im-interview-ueber-politik-piraten-und-plaene/28.547.414 (2015.05.30.).

21) "Eco: Klaus W. Wellershoff zum Grundeinkommen 에코: 기본소득에 관하여 클라우스 벨러스호프에게 질문하다", 스위스국영방송(SRF), 2011.04.18, URL: http://www.srf.ch/play/tv/eco/video/klaus-wellershoff-zum-grun deinkommen?id= 472cf99f-e8bc-4cfd-89a4-b6736f-6f0ab6 (2015.05.30.) 참조.

22) Linard Bardill, "Debattiert, Leute! 사람들이여, 논쟁하라!", *coopzeitung*, Nr. 20/2012, URL: http://www.coopzeitung.ch/3838704?rs.score=1&rs. name=pageRat ing&rs.item=cbi%3A%2F%2F%2Fcms%2F3838707 (2015.05.30.).

23) Balz Ruchti · Yaël Debelle · Peter Johannes Meier, "Geld für alle: Kann das gutgehen? 모두에게 소득을: 가능할까?", *Beobachter*, Nr. 20/2013, URL: http://www.beobachter.ch/geldsicherheit/sozialhilfe/artikel/bedingungsloses-grundeinkommen_geld-fueralle-kann-das-gutgehen/ (2015.05.30.) 참조.

24) Ralph Boes, "Bedingungsloses Grundeinkommen – Wie ist das zu denken? 조건 없는 기본소득 – 어떻게 보아야 하는가?", *BbG Berlin*, URL: http://www.buergerinit iative-grundeinkommen.de/fuergrundeinkommen/sheets/TEXT%20WAHL.pdf (2015.05.30.).

25) Hans-Christian Ströbele, "Frage zum Thema Soziales 사회적인 것에 관한 질문", abgeordnetenwatch.de, 2012.11.24, URL: http://www.abgeordnetenwatch.de/hans_ christian_stroebele-575-37994—f361880.html#q361880 (2015.05.30).

26) Katja Kipping, "Trojanisches Pferd für 950 Euro 950유로를 위한 트로이 목마", n-tv, 2009.03.05, URL: http://www.n-tv.de/politik/dossier/Trojanisches-Pferd-fue r-950-Euro-article58772.html (2015.05.30.).

27) Susanne Wiest, "Rede vor dem Petitionsausschuss des Deutschen Bundestages 독일연방의회 청원권위원회 연설", 2010.11.08, URL: http://www.archiv-grundeinko mmen.de/petitionen/susanne-wiest/20101108-Rede-Susanne-Wiest-Bundestag-Pe titionausschuss.pdf (2015.05.30.).

28) Claus Offe, "Familienleistung jenseits der Marktarbeit – das bedingungslose Grundeinkommen 시장노동 저편의 가사노동 – 조건 없는 기본소득", in: Kurt Biedenkopf · Hans Bertram · Elisabeth Niejahr, *Starke Familie – Solidarität, Subsidiarität und kleine Lebenskreise. Bericht der Kommission 'Familie und demographischer Wandel' der Robert Bosch Stiftung* 강한 가족 – 연대, 보충성, 그리고 작은 공동체. 로버트 보쉬 재단 '가족과 인구통계학적 변화' 위원회의 보고서, Stuttgart, 2009, p. 134.

29) Michael Opielka, "Grundeinkommen als umfassende Sozialreform – Zur Systematik und Finanzierbarkeit am Beispiel des Vorschlags Solidarisches Bürgergeld 포괄적인 사회개혁으로서의 기본소득 – 연대적인 시민급여에 대한 한 제안의 예시 속에서 살펴 본 그 체계와 재원 마련의 가능성", in: Thomas Straubhaar(엮음), *Bedingungsloses Grundeinkommen und*

Solidarisches Bürgergeld – mehr als sozialutopische Konzepte 조건 없는 기본 소득과 연대적인 시민급여 – 유토피아적 발상 그 이상의 의미, Hamburg, 2008, p. 168.

30) Theo Wehner · Sascha Liebermann, "Das bedingungslose Grundeinkommen macht nicht faul 조건 없는 기본소득이 우리를 게으르게 만들지는 않을 것이다", *Zeit Online*, 2011.12.30, URL: http://www.zeit.de/politik/deutschland/2011-12/bedingun gsloses-grundeinkommen-interview (2015.05.30.).

31) Dieter Althaus, "Grundeinkommen für alle? Eine machbare Revolution 모두를 위한 기본소득? 가능한 하나의 혁명", *Die Welt*, 2007.11.26, URL: http://www.welt.de /debatte/kommentare/article6070690/Grundeinkommen-fuer-alle-Eine-machbare-Revolution.html (2015.05.30.).

32) Thomas Straubhaar, "Warum Grundeinkommen gut zu den Piraten passt 기본소득이 해적들에게 잘 어울리는 이유", *Die Welt*, 2013.05.13, URL: http://www.welt. de/wirtschaft/article116116985/Warum-Grundeinkommen-gut-zu-den-Piraten-passt.html (2015.05.30.).

33) Kurt Regotz, "Zur Volksinitiative für ein bedingungsloses Grundeinkommen 조건 없는 기본소득을 위한 시민운동에 관하여", *Schiffbau Zürich*, 2012.04.21, URL: https://vimeo.com/42200047 (2015.05.30.).

34) Richard David Precht, "Schafft die Parteien ab! 정당들을 해체하라!", *Cicero*, Nr. 7/2009, URL: http://www.cicero.de/salon/%E2%80%9Eschafft-die-parteienab%E2 %80%9C/39869 (2015.05.30.).

35) Sascha Liebermann, "Freiheit ermöglichen, Solidarität starken, Leistung fordern – durch ein bedingungsloses Grundeinkommen für alle Bürger 모든 시민을 위한 조건 없는 기본소득을 통해 – 자유는 가능하게 되고, 연대는 강하게 되며, 성과는 촉진된다" in: Daniela Schneckenburger(엮음), *Freiheit statt Vollbeschäftigung? Ein Reader zur Debatte um bedingungsloses Grundeinkommen und Grundsicherung* 완전고용 대신에 자유? 조건 없는 기본소득과 기초보장을 둘러싼 논쟁을 읽다, Düsseldorf, 2006, p. 27.

36) Jakob Augstein, "Fairness ist Zufall 공정성은 우연이다", *Spiegel Online*,

2011.02.10, URL: http://www.spiegel.de/politik/deutschland/s-p-o-n-im-zweifel- links- fairness-istzufall-a-744587.html (2015.05.30.).

37) "Sternstunde Philosophie: David Graeber – Warum uns Schulden versklaven 슈테른슈툰데 필로조피: 데이비드 그레이버 – 빚이 우리를 노예로 만드는 이유", 스위스국영방송(SRF), 2013.10.13, URL: http://www.srf.ch/play/tv/sternstunde-philosophie/video/david-graeber---warum-uns-schulden-versklaven?id=58a73fa9-24da-4068-ab1c-033cf285e590 (2015.05.30.) 참조.

38) Albert Wenger, "Maschinen werden viele Jobs übernehmen 기계가 많은 일들을 넘겨받을 것이다", BR, 2015.01.20, URL: https://www.youtube.com/watch?v=xSBse loxS68&list=PLP4hePAK6Tv7S-qRSfofzB9u2IalA_iUS&index=1 (2015.05.30.).

39) Philipp Löpfe, "Wir müssen jetzt ernsthaft über ein bedingungsloses Grundeinkommen sprechen 조건 없는 기본소득에 관해 이제 우리는 진지하게 논의해야 한다", watson.ch, 2015.01.11, URL: http://www.watson.ch/!900046946 (2015. 05.30).

40) Enno Schmidt, "Das ist mir zu philosophisch 그것은 내게 지나치게 철학적이다", philosophie.ch, 2014.12.11, URL: http://blogs.philosophie.ch/grundeinkommen/ 2014/12/11/das-istmir-zu-philosophisch/ (2015.05.30).

41) Adolf Muschg, "Gespräch über das bedingungslose Grundeinkommen 조건 없는 기본소득에 관한 대화", Theater Neumarkt Zürich, 25.02.2012, URL: https://vimeo. com/37668072 (2015.05.30.).

셋째 주제 | 자유

1) Adolf Muschg, "Der Mensch beginnt da, wo er etwas nicht muss 사람은 강요당하지 않는 곳에서 무엇인가를 시작한다", grundeinkommen.tv, 2012.10.04, URL: http://grundeinkommen.tv/adolf-muschgzum-bedingungslosen-grundeinkommen/ (2015.05.30.).

2) Peter Sloterdijk, Streß und Freiheit 스트레스와 자유, Berlin, 2011, p. 47 이하 참조.

3) Byung-Chul Han, *Psychopolitik. Neoliberalismus und die neuen Machttechniken*, 김태환 옮김, 『심리정치. 신자유주의의 통치술』, 문학과 지성사, 2015.

4) José Ortega y Gasset, *Betrachtungen über die Technik. Der Intellektuelle und der Andere* 기술에 관한 고찰. 지적인 것과 지적이지 않은 것, Stuttgart, 1949 참조.

5) Friedrich Schiller, *Briefwechsel, Nationalausgabe, Bd. 26* 서신교환, 국가발행본, 제26권, Weimar, 1992, p. 299.

6) Harry F. Harlow · Margaret Kuenne Harlow · Donald R. Meyer, "Learning Motivated by a Manipulation Drive 조작된 상황에 의해 동기가 부여된 학습", *Journal of Experimental Psychology*, Nr. 40/1950, p. 228-234, URL: http://psycnet.apa.org/journals/xge/40/2/228/ (2015.05.30.) 참조.

7) Edward L. Deci, "Intrinsic Motivation, Extrinsic Reinforcement, and Inequity 내적 동기, 외적 강화, 그리고 차등", *Journal of Personality and Social Psychology*, Nr. 22/1972, p. 113-120, URL: http://www.selfdeterminationtheory. org/SDT/documents/1972_Deci_JPSP.pdf (2015.05.30.) 참조.

8) Edward L. Deci, "Effects of Externally Mediated Rewards on Intrinsic Motivation 내적 동기에 관한 외적 중재 보상효과", *Journal of Personality and Social Psychology*, Nr. 18/1971, S. 105-115, URL: http://www.selfdeterminationtheory. org/SDT/docments/1971_Deci.pdf (2015.05.30.) 참조.

9) "Die Welt in Zahlen 숫자로 읽는 세계", *Brand eins*, Nr. 9/2009, URL: http://www.brandeins.de/archiv/2009/arbeit/ (2015.05.30).

10) Lukas Rühli, "Ein unmoralisches Konzept 비윤리적인 콘셉트", *Pola rennt*, 2014.06.05, URL: http://grundeinkommen.tv/pola-rennt-1-ein-unmoralische-konz ept-lukasruehli-avenir-suisse/ (2015.05.30.).

11) Michael Sennhauser, "Grundeinkommen statt Lohn 임금 대신에 기본소득을", Schweizer Radio DRS, 2008.09.16, URL: http://www.srf.ch/play/radio/popupaudiop layer?id=45cb fdf7-7938-4f7f-894c-e13724989bd9 (2015.05.30.).

12) Guido Kleinhubbert · Alexander Neubacher, "Die Hartz-Fabrik 노동시장개혁－공장", *Der Spiegel,* Nr. 1/2011, URL: http://magazin.spiegel.de/EpubDelivery/spieg el/pdf/76121041 (2015.05.30.).

13) Götz W. Werner, "Das manische Schauen auf Arbeit macht uns alle krank 일자리에 대한 병적인 집착은 우리 모두를 병들게 한다", *Stern*, Nr. 17/2006, URL: http://www.stern.de/wirtschaft/job/grundversorgung-das-manische-schauen-auf-arbeit-macht-uns-alle-krank-560218.html (2015.05.30.).

14) Heribert Prantl, "Schikane per Gesetz 합법적인 전횡", *Süddeutsche Zeitung*, 2014.12.27, URL: http://www.sueddeutsche.de/politik/jahre-hartz-iv-schikane-per –gesetz-1.2281699 (2015.05.30).

15) Tagesschau, "Wenn Arme keine Sozialhilfe beziehen 가난한 자들이 사회보장급여를 받지 않는다면", 스위스국영방송(SRF), 2012.11.24, URL: http://www.tagesschau.sf.tv/Nachrichten/Archiv/2012/11/24/Schweiz/Wenn-Arme-keine-Sozialhilfe-beziehen (2015.05.30.).

16) Lukas Rühli, "Einkommen ohne Grund. Warum das bedingungslose Grundeinkommen keines seiner Versprechen hält 근거 없는 기본소득. 조건 없는 기본소득이 자신의 약속을 지킬 수 없는 이유", *avenir standpunkte*, Nr. 5/2014, URL:http://www.avenir-suisse.ch/wp-content/uploads/2014/04as_grundeinkomme n_hp.pdf (2015.05.30.).

17) Thomas Finkenauer(엮음), *Sklaverei und Freilassung im römischen Recht* 로마의 법제 속의 노예제도와 노예해방, Berlin, 2006; Elisabeth Herrmann-Otto, *Sklaverei und Freilassung in der griechisch-römischen Welt* 고대 그리스 · 로마 시대의 노예제도와 노예해방, Hildesheim, 2009 참조.

18) Manuel Alonso Olea, *Von der Hörigkeit zum Arbeitsvertrag* 노동계약이 지닌 억압적 성격에 관하여, Heidelberg, 1981; Klaus Adomeit, *Gesellschaftsrechtliche Elemente im Arbeitsverhältnis* 노동관계 속에 존재하는 사회법적 요소들, Berlin, 1986; Elisabeth Herrmann-Otto(엮음), *Unfreie Arbeits- und Lebensverhältnisse von der Antike bis in die Gegenwart* 고대부터 현대에 이르는 노동관계와 생존의 문제, Hildesheim, 2005 참조.

19) Georg Kreisler, "Meine Freiheit, deine Freiheit, 나의 자유, 너의 자유" URL: https://www.youtube.com/watch?v=u8-4n9yxZ_s (2015.05.30.).

20) Henrik Ibsen, *Briefe* 편지, Berlin, 1905, p. 159.

21) Edelman Berland, "Edelman Trust Barometer 2015 에델만 신뢰지수 2015",

URL: http://www.edelman.com/news/trust-institutions-drops-level-great-recessio n/ (2015.05.30.) 참조.

22) Jürgen Habermas · Jacques Derrida, *Philosophie in Zeiten des Terrors. Zwei Gespräche*, 손철성 · 김은주 · 김준성 옮김, 『테러 시대의 철학: 허버마스, 데리다와의 대화』, 문학과 지성사, 2004.

23) Horst W. Opaschewski, *Pädagogik der freien Lebenszeit* 평생교육을 위한 교육학, Opladen, 1996 참조.

24) Friedrich Fröbel, *Fortgesetzte Nachricht von der allgemeinen Deutschen Erziehungsanstalt in Keilhau* 카일하우의 일반독일교육원에 관한 지속적인 보고, Rudolstadt, 1823, p. 31.

25) "Freizeit", *Duden*, URL: http://www.duden.de/rechtschreibung/Freizeit (2015.05. 30).

26) Statista, "Ernährte Personen durch einen Landwirt in Deutschland bis 2012 2012 년까지 독일의 농부 한 명이 생산한 식량의 양", URL: http://de.statista.com/ statistik/daten/studie/201243/umfrage/anzahl-der-menschen-die-durch-einen-landwirt-ernaehrt-werden/ (2015.05.30.) 참조.

27) Harald Welzer, *Selbst denken. Eine Anleitung zum Widerstand*, 원성철 옮김, 『저항 안내서. 스스로 생각하라』, 오롯, 2015, 267쪽.

28) Stefan Brotbeck, "Wir brauchen mehr Muße, um nicht zu verblöden 바보가 되지 않기 위해 우리는 더 많은 여유시간이 필요하다", *Basellandschaftliche Zeitung*, 2013.01.05, URL: http://www.basellandschaftlichezeitung.ch/basel/ basel-stadt/phil osoph-stefan-brotbeck-wir-brauchenmehr-musse-um-nicht-zu-verbloeden-125868624 (2015.05.30.).

29) Ludwig Hohl, *Die Notizen oder Von der unvoreiligen Versöhnung* 성급하지 않은 속죄에 관한 메모들, Frankfurt, 1984, p. 36.

30) 앞의 책, p. 33.

참고문헌

Dieter Althaus · Hermann Binkert(엮음), *Solidarisches Bürgergeld. Den Menschen trauen. Freiheit nachhaltig und ganzheitlich sichern*, Norderstedt, 2010.

BIEN-Schweiz(엮음), *Die Finanzierung eines bedingungslosen Grundeinkommens*, Zürich, 2010.

Ronald Blaschke · Adeline Otto · Norbert Schepers(엮음), *Grundeinkommen. Von der Idee zu einer europäischen politischen Bewegung*, Hamburg, 2012.

Ronald Blaschke · Adeline Otto · Norbert Schepers(엮음), *Grundeinkommen. Geschichte – Modelle – Debatten*, Berlin, 2010.

Martin Booms, *Ideal und Konzept des Grundeinkommens. Zur Struktur einer über sich selbst hinausweisenden Idee*, Karlsruhe, 2010.

Michael Borchard(엮음), *Das Solidarische Bürgergeld. Analysen einer Reformidee*, Stuttgart, 2007.

Ilja Braun, *Grundeinkommen statt Urheberrecht? Zum kreativen Schaffen in der digitalen Welt*, Bielefeld, 2014.

Michael Brenner, *Solidarisches Bürgergeld und Grundgesetz*, Baden-Baden, 2011.

Kai Ehlers, *Grundeinkommen für alle. Sprungbrett in eine integrale Gesellschaft*, Dornach, 2007.

Andreas Exner · Werner Rätz · Birgit Zenker(엮음), *Grundeinkommen. Soziale Sicherung ohne Arbeit*, Wien, 2007.

Heiner Flassbeck · Friederike Spiecker · Volker Meinhardt · Dieter Vesper, *Irrweg*

Grundeinkommen. Die große Umverteilung von unten nach oben muss beendet werden, Frankfurt, 2012.

Manuel Franzmann(엮음), *Bedingungsloses Grundeinkommen als Antwort auf die Krise der Arbeitsgesellschaft*, Weilerswist, 2010.

Manfred Füllsack, *Leben ohne zu arbeiten? Zur Sozialtheorie des Grundeinkommens*, Berlin, 2002.

Benediktus Hardorp, *Arbeit und Kapital als schöpferische Kräfte. Einkommensbildung und Besteuerung als gesellschaftliche Teilungsverfahren*, Karlsruhe, 2008.

Jördis Heizmann, *Designing Society. Das bedingungslose Grundeinkommen als gesellschaftsgestaltendes Element*, Freiberg, 2010.

Maik Hosang(엮음), *Klimawandel und Grundeinkommen. Die nicht zufällige Gleichzeitigkeit beider Themen und ein sozialökologisches Experiment*, München, 2008.

Dirk Jacobi · Wolfgang Strengmann-Kuhn(엮음), *Wege zum Grundeinkommen*, Berlin, 2012.

Sascha Liebermann, *Aus dem Geist der Demokratie: Bedingungsloses Grundeinkommen*, Frankfurt, 2015.

Sascha Liebermann, Autonomie, *Gemeinschaft, Initiative. Zur Bedingtheit eines bedingungslosen Grundeinkommens. Eine soziologische Rekonstruktion*, Karlsruhe, 2010.

Paul Mackay · Ulrich Rösch(엮음), *Grundeinkommen für jeden Menschen. Eine Herausforderung für Europa?*, Dornach, 2007.

Christian Müller · Daniel Straub, *Die Befreiung der Schweiz. Über das bedingungslose Grundeinkommen*, Zürich, 2012.

Netzwerk Grundeinkommen(엮음), *Kleines ABC des bedingungslosen Grundeinkommens*, Neu-Ulm, 2009.

Hartmut Neuendorff · Gerd Peter · Frieder O. Wolf(엮음), *Arbeit und Freiheit im Widerspruch? Bedingungsloses Grundeinkommen – ein Modell im Meinungsstreit*, Hamburg, 2009.

Frieder Neumann, *Gerechtigkeit und Grundeinkommen. Eine gerechtig-*

keitstheoretische Analyse ausgewählter Grundeinkommensmodelle, Berlin, 2009.

Michael Opielka · Matthias Müller · Tim Bendixen · Jesco Kreft, *Grundeinkommen und Werteorientierungen. Eine empirische Analyse*, Wiesbaden, 2009.

Michael Opielka · Georg Vobruba(엮음), *Das garantierte Grundeinkommen. Entwicklung und Perspektiven einer Forderung*, Frankfurt, 1986.

Eric Patry, *Das bedingungslose Grundeinkommen in der Schweiz. Eine republikanische Perspektive*, Bern, 2010.

Helmut Pelzer, *Das bedingungslose Grundeinkommen. Finanzierung und Realisierung nach dem mathematisch fundierten Transfergrenzen-Modell*, Stuttgart, 2010.

André Presse, *Grundeinkommen. Idee und Vorschläge zu seiner Realisierung*, Karlsruhe, 2010.

Ferdinand Rohrhirsch, *Zur Bedeutung des Menschenbildes in der Diskussion zu einem bedingungslosen Grundeinkommen. Philosophische und theologische Anmerkungen*, Karlsruhe, 2009.

Hans Ruh · Thomas Gröbly, *Die Zukunft ist ethisch – oder gar nicht. Wege zu einer gelingenden Gesellschaft*, Frauenfeld, 2010.

Ulrich Schachtschneider, *Freiheit, Gleichheit, Gelassenheit: Mit dem ökologischen Grundeinkommen aus der Wachstumsfalle*, München, 2014.

Thomas Schmid(엮음), *Befreiung von falscher Arbeit. Thesen zum garantierten Mindesteinkommen*, Berlin, 1986.

Dorothee Schulte-Basta, *Ökonomische Nützlichkeit oder leistungsloser Selbstwert? Zur Kompatibilität von bedingungslosem Grundeinkommen und katholischer Soziallehre*, Freiberg, 2010.

Thomas Straubhaar(엮음), *Bedingungsloses Grundeinkommen und Solidarisches Bürgergeld – mehr als sozialutopische Konzepte*, Hamburg, 2008.

Yannick Vanderborght · Philippe Van Parijs, *Ein Grundeinkommen für alle? Geschichte und Zukunft eines radikalen Vorschlags*, Frankfurt, 2005.

Georg Vobruba, *Entkoppelung von Arbeit und Einkommen. Das Grundeinkommen in der Arbeitsgesellschaft*, Wiesbaden, 2007.

Georg Vobruba, *Alternativen zur Vollbeschäftigung. Die Transformation von Arbeit und Einkommen*, Frankfurt, 2000.

Götz W. Werner · Wolfgang Eichhorn · Lothar Friedrich(엮음), *Das Grundeinkommen. Würdigung-Wertungen-Wege*, Karlsruhe, 2012.

Götz W. Werner · Adrienne Goehler, *1000 Euro für jeden. Freiheit, Gleichheit, Grundeinkommen*, Berlin, 2010.

Götz W. Werner · André Presse(엮음), *Grundeinkommen und Konsumsteuer. Impulse für 'unternimm die zukunft'*, Karlsruhe, 2007.

Götz W. Werner, *Einkommen für alle. Der dm-Chef über die Machbarkeit des bedingungslosen Grundeinkommens*, Köln, 2007.

Götz W. Werner, *Ein Grund für die Zukunft: das Grundeinkommen. Interviews und Reaktionen*, Stuttgart, 2006.

찾아보기

42

기본소득, 자유와 정의가 만나다

초판 발행 2016년 10월 25일

글쓴이   다니엘 헤니, 필립 코브체
옮긴이   원성철
펴낸이   김두희
펴낸곳   도서출판 오롯
출판등록 2013년 1월 10일 제251002013-000001호
주소   21034 인천시 계양구 장제로 863번길 15, 702호
전자우편 orot2013@naver.com
홈페이지 http://orot2013.blog.me
전화번호 070-7592-2304
팩스   0303-3441-2304

© OROT, 2016. printed in Incheon, Korea
ISBN   979-11-950146-6-8 03330

이 도서의 국립중앙도서관 출판시도서목록(CIP)은 서지정보유통지원시스템 홈페이지(http://
seoji.nl.go.kr)와 국가자료공동목록시스템(http://www.nl.go.kr/kolisnet)에서 이용하실 수 있
습니다. (CIP제어번호 : CIP2016023313)